Refugio

Eva Morell (Granada, 1982) es periodista y curadora de contenido. Creció en Málaga, muy cerca del mar, y está especializada en arquitectura, viajes y estilo de vida. Colabora habitualmente en medios como *Architectural Digest España*, *El País* y *Condé Nast Traveler*. En 2021 creó *El club de la cabaña*, la primera *newsletter* sobre cultura cabañil en español, que ha aparecido reseñada en *Vogue*, *Yorokobu* o *elDiario.es*, entre otros medios. *Refugio. Una historia de cabañas* es su primer libro.

Refugio

Una historia de cabañas

Eva Morell

*Ilustraciones de
Eduard Bagur*

Papel certificado por el Forest Stewardship Council®

MIXTO
Papel | Apoyando la
silvicultura responsable
FSC® C117695
www.fsc.org

Penguin
Random House
Grupo Editorial

Primera edición: mayo de 2025

© 2025, Eva Morell García-Carpintero
© 2025, Eduard Bagur, por las ilustraciones
© 2025, Penguin Random House Grupo Editorial, S. A. U.
Travessera de Gràcia, 47-49. 08021 Barcelona

Printed in Spain – Impreso en España

ISBN: 978-84-10214-72-9
Depósito legal: B-4.765-2025

Compuesto en Promograff - Promo 2016 Distribucions

Impreso en Rotoprint By Domingo, S. L.
Castellar del Vallès (Barcelona)

C 2 1 4 7 2 9

Para Beatriz, Calixto y Úrsula, mi familia y mi cabaña

Índice

~

PRÓLOGO   11

Una infancia por las ramas. La casa de los enanitos
    y las casas en los árboles.   19
¡Están locos esos romanos! Las cabañas
    como refugio   41
La choza primitiva. El sueño de la cabaña
    como desconexión   63
Los jardines de Jane Austen. El mito de la cabaña
    del escritor   79
La cabaña de la venganza de Le Corbusier. Y otras
    historias de arquitectos   113
Vacaciones a la americana. Historia de las cabañas
    en A, el clásico cabañil.   141
Doctor en Alaska. La televisión como cabaña   163
¿Porno de cabañas? Sí, gracias. Una revolución
    en la era de internet   185

AGRADECIMIENTOS.   205
BIBLIOGRAFÍA   207

Prólogo

~

«Hola, saludos desde lo más profundo del bosque».

Esta es la frase con la que empiezo cada correo electrónico que envío desde *El club de la cabaña*. Comencé a proyectar esta *newsletter* en la noche de Reyes de 2021, tras una conversación con mi amiga Izaskun por Telegram. Ella fue la responsable de encender una bombilla en mi cabeza: ¿por qué no compartía con los demás todas esas cabañas que encontraba (es un decir: las buscaba con mucho placer) en internet y que tan bien me hacían sentir?

Una semana más tarde, justo antes de enviar el primer correo electrónico, ya había más de un centenar de personas suscritas a mi pequeño proyecto. Cuando estaba acabando de escribir este libro, en diciembre de 2024, eran varios los miles de personas que disfrutaban de su dosis de desconexión *cabañil* cada semana, ojalá pensando en lo bonito que sería dejarlo todo y mudarse a una cabaña durante una temporada.

Recuerdo que una vez la escritora y cazadora de tendencias Anabel Vázquez, autora de *Piscinosofía*, me definió como una detective de cabañas (así como ella lo es de piscinas). Y es cierto que sigo infinidad de perfiles de Instagram, muchísimos blogs, leo continuamente sobre ellas y ocupan gran parte de mi rutina diaria. Me siento cómoda en esa descripción, pero no siempre fue así. Para entender mi obsesión, debemos remontarnos hasta 2009.

Puede que se te hayan olvidado, pero aquel año sucedieron muchas cosas: el mundo vio nacer el bitcoin, la famosa y polémica criptomoneda que convirtió de manera instantánea en millonarios a unos pocos; se estrenó *Glee*, una de mis series favoritas de Ryan Murphy; Barack Obama ganó el Premio Nobel de la Paz; y murió Michael Jackson, el eterno Rey del Pop cuyo videoclip *Thriller* me atemorizaba tanto de pequeña. También, ese año, me mudé seis veces en nueve meses a tres ciudades diferentes y acabé las Navidades con un último traslado a la casa de mis padres, una casita roja en medio del campo en Mijas, que se convirtió durante un buen tiempo en mi particular cabaña.

Por azares de la vida, y de la crisis de 2008, que truncó los sueños de tantos y tantas *millennials* «jóvenes, aunque sobradamente preparados» (parafraseando aquel anuncio de Renault Clio de los noventa), de repente me encontré sin trabajo y con una ruptura amorosa de esas que sabes que recordarás —siempre el amor, ¿eh?—. Caí en una depresión que duró catorce larguísimos meses. Uno de esos días en los que estaba en lo más profundo del pozo, navegando con desgana por los diferentes desvíos y autopistas de internet, apareció ante mí la imagen de una cabaña que me llamó la atención: era una casa de madera triangular con una fachada de cristal, y había un grupo de personas disfrutando en el porche. Consiguió llenarme de una paz y una felicidad que hacía tiempo que no experimentaba. Rápidamente tracé su origen: estaba alojada en un blog llamado *Cabin Porn*. Porno de cabañas. ¡Qué maravilla, qué sugerente, qué todo!

Ese fue el momento exacto en el que mi vida cambió, sin el que *El club de la cabaña* no hubiera existido. No tardé en desear compartir con otros esa sensación de paz que me provocaban todas y cada una de las imágenes de cabañas que veía. Lo hacía a través de las rudimentarias redes sociales que tenía a mi disposición: Pinterest, Myspace, Facebook…

He tratado en vano de buscar cuándo fue la primera vez que compartí una de esas imágenes por internet. Los recuerdos de Facebook se empeñan en notificarme que el 18 de octubre de 2011 publiqué la fotografía de una habitación ubicada en el ático de una cabaña, acompañada del texto «aquí, ahora». No sé si fue la primera, pero sí que esa frase fue mi santo y seña para los momentos en que necesitaba desenchufarme de la realidad. Desde entonces, mi *feed* de la «red social» se salpicó de cabañas en A, de refugios, de casitas en los árboles, de chalets alpinos, de bosques, de madera, de lluvia y de nieve… en un sinfín de paisajes que gritaban (y siguen gritando) a los cuatro vientos que es la hora de desconectar: *aquí, ahora.*

No me digas que esa necesidad de parar no tiene sentido. Más que nunca. Vivimos en un mundo dominado por la tecnología, en una especie de Matrix sin robots porque no hacen falta: somos nosotros mismos los que nos ponemos la zancadilla fomentando la hiperproductividad, el consumismo y esa forma de convertirnos en productos que ahora llaman marca personal. Estamos en un mundo dominado por un capitalismo exacerbado que nos obliga a gastar aunque carezcamos de ingresos, a viajar por encima de nuestras posibilidades, haciendo *check* en todos esos sitios a los que van los *influencers*; en un mundo hiperactivo que nos obliga a aparecer en las redes de nuestros amigos porque, si no, *no existimos*, a seguir la moda de la lámpara champiñón que se ha hecho viral, o a hacer fotos en ese restaurante de culto o de esa ración de espaguetis que se sirven en el plato tras embarrarse en una rueda gigante de parmesano. Un mundo que aún navega inconsciente gracias a la inercia del *boom* de los noventa y de la revolución del cambio de siglo, como si los recursos fueran infinitos, como si no existiera el efecto invernadero y como si la crisis climática fuera un mal ajeno que jamás nos va a impactar. Habitar las ciudades ha sido la máxima aspiración de muchos de los nacidos en democracia. Sin embargo, cada vez somos más los que nos sentimos ahogados en ellas por los altos precios, por el alquiler, por el turismo masivo, por los niveles de contaminación… Todo va sumando hasta que, de repente, sentimos la necesidad de reconectar con un espacio que siempre estuvo ahí sin que miráramos hacia él (porque estábamos ocupados construyendo el futuro): la naturaleza.

Si algo bueno trajo la COVID-19 fue que nos permitió poner en pausa un planeta que giraba casi a la velocidad de la luz. A muchos, eso nos hizo conscientes de que algo de lo de antes no funcionaba tan bien como nos lo estaban contando. Tal vez no *salimos mejores* del confinamiento, como coreábamos algunos idealistas, pero la reclusión nos ayudó a volver a estrechar lazos con nuestro entorno natural. De repente entendimos que la desconexión era necesaria, que el mundo analógico no estaba tan mal y que de una escapada al campo podíamos regresar con los pulmones llenos de aire fresco y el cerebro reseteado. Lamentablemente, también esa refrescante sensación está viviendo su propio proceso de mercantilización: pagamos por el silencio, por un baño de bosque o por una experiencia cinco estrellas en una casa en el árbol situada en lo más recóndito de un monte noruego. ¿Hemos recurrido a la naturaleza tan solo para convertirla en un bien de lujo reservado a unos pocos o estamos ante un deseo genuino de volver a lo más básico, a lo primordial?

Desde la prehistoria, la humanidad ha buscado refugio en las cabañas. No solo de forma física, para guarecerse de las tormentas o el frío, sino también metafórica. Los romanos fueron los primeros en pensar en la naturaleza desde el punto de vista lúdico, de recreo, como *detox* de la Gran Roma. Los Médici celebraban banquetes en *treehouses* espectaculares de los que solo nos quedan imágenes en grabados antiguos y los relatos de los historiadores de la época. Los parisinos se obsesionaron tanto con Robinson Crusoe que levantaron un pueblo lleno de casas en los árboles para ir a comer y bailar los fines de semana. Le Corbusier construyó una pequeña cabaña en la que puso en práctica su personal teoría de la arquitectura solo para poder espiar a gusto la vivienda de sus sueños. Thoreau huyó a los bosques, a su particular *Walden* (el de verdad), para dar rienda suelta a su creatividad, igual que Virginia Woolf en su *habitación propia* de Rodmell. *Doctor en Alaska* nos conquistó por sus paisajes cabañiles y su trama tranquila y sosegada. Bart Simpson se escondía de su padre en la casa en el árbol, su guarida particular que envidió toda una generación de niños. Todos estos son casos paradigmáticos, pero no aislados: cualquiera de nosotros ha encontrado refugio en una cabaña, real o inventada, en algún momento de su vida. Piensa en ese lugar donde te sientes seguro, donde puedes crear o descansar, donde te permites desahogarte o inventar.

Paz, soledad voluntaria, tranquilidad, desconexión, armonía con la naturaleza, relajación… Las llamo *sensaciones cabañiles*, y puedo llegar a ellas a través de muchos detonantes: escuchar «On the Nature of Daylight», de Max Richter, porque tiene en cada una de sus notas ese nosequé que me eriza la piel y me hace sentir refugio cuando lo necesito; ver *Las chicas Gilmore,* con Stars Hollow y su festival del otoño; leer a Jane Austen, en cualquier momento y en cualquier lugar, o a Astérix el Galo en una improbable aventura con los romanos; divisar la casa de los enanitos de gorro rojo unas curvas antes de llegar a la estación de esquí de Sierra Nevada; dormir en La Herradura, en casa de mis abuelos; visitar las capillas de los Médici en Florencia, tan indescriptibles y majestuosas; poner un pie en Le Cabanon; pasear por la campiña inglesa, entre árboles, bajo un diluvio; estar sentada en un avión escribiendo estas líneas...

Todo esto lo encontrarás en la historia que vas a leer, mi historia. Aunque en realidad es también nuestra historia, la de cómo un día inventamos el fuego y dejamos las cuevas para refugiarnos en pequeñas guaridas hechas de hueso y ramas que empezamos a llamar «casa». Y cómo, muchos miles de años después, regresamos a ellas para convertirlas en *trending topic* en la pantalla de nuestros pequeños teléfonos móviles.

Ahora estoy construyendo aquí una casita en la soledad.

LUDWIG WITTGENSTEIN,
Cartas a Russell, Keynes y Moore

La soledad como objetivo deseable, el hogar como madriguera.

ANA FLECHA MARCO, *Planeta solitario*

El silencio puede ser el camino. No hay vida en silencio absoluto, pero tampoco la hay en el ruido permanente. Observar, escuchar, parar, estar, sentir, cuidar; ahora mismo todas ellas son acciones revolucionarias. El silencio es resistencia.

PEDRO BRAVO, *¡Silencio! Manifiesto contra el ruido, la inquietud y la prisa*

Agosto, 1980: la cabaña que construyeron mis tíos en La Herradura y que mi hermana y yo quisimos restaurar en nuestros veranos de la infancia.

Una infancia por las ramas

~

La casa de los enanitos
y las casas en los árboles

Nunca construí una cabaña cuando era niña. Tampoco tuve amigos con casas en los árboles o refugios de madera en el jardín. Pero una compañera del colegio tenía un columpio de madera de olivo en una rama; era tan grande —probablemente porque yo era muy pequeña— que parecía que podías hacer un pícnic en él y que, por cierto, me abrió una brecha en la frente en una fiesta de cumpleaños. Tal vez lo más próxima que he estado a ese tipo de experiencia fue con los restos de la cabaña de madera de mis tíos, en el pinar de la casa de vacaciones de los abuelos, y el vano intento que, verano tras verano, mi hermana y yo hacíamos por recuperarla, como las destacadas alumnas de Indiana Jones y expertas en arqueología infantil de piedrecitas y ramas que éramos. Nos gustaba mucho imaginar esa guarida secreta reconstruida por y para nosotras (una idea que no calaba tanto en el resto de la familia y que me trajo también alguna que otra caída y herida, lo reconozco, porque era la pupas de mi casa). No había verano que no fuera acompañado de una buena cicatriz, pero ¿y lo que disfrutaba entre los eucaliptos y los pinos, qué? Casi premonitorio.

Sin embargo, a pesar de ese vacío profundo —a veces denso, otras anodino— que me provoca no haber tenido mi deseada casa en el árbol, desde que tengo memoria siento una poderosa atracción (no fatal; o sí) por esas casitas de madera que parecen sacadas de los cuentos de hadas y de la memoria de la infancia de la mayoría de nosotros. ¿Quién no soñó, cuando era pequeño, con una casa en el árbol, una caja de madera en el jardín, un lugar privado donde compartir los secretos con los amigos? Las casas en los árboles forman parte de nuestro imaginario desde que apenas tenemos uso de razón. Las hemos visto en libros, en cómics, en películas, en la televisión. Cómo no acordarse de la catódica *treehouse* de Bart Simpson, donde hasta Homer quiso vivir alguna vez. O la de Punky Brewster, uno de mis iconos de los ochenta, que se despierta una mañana emocionada porque ha soñado que en el árbol del patio trasero aparecía una casita de colores, y convence a Henry para construirla. Podría vivir en ese capítulo durante mucho tiempo. Es así. Siempre ha sido una de mis casas en los árboles preferidas, con sus escalones de color, con aquel enorme balcón y hasta con ascensor para su perro Brandon.

Quizá la mayoría de nosotros hemos abierto de una manera similar las puertas a la fantasía, bosquejando alguna vez una estructura similar, como si fuera nuestra primera vivienda ya antes de los diez años, un preaviso de la cultura de propietarios que es España desde los sesenta y que está irremediablemente grabada en nuestros genes. Porque la sensación de independencia es algo que necesitamos, y esa parcelita tan esquemática tiene el tamaño perfecto para que empecemos a conocernos a nosotros mismos mientras crecemos.

La primera vez que me enamoré no fue de una persona, fue de una cabaña. No podía ser de otra manera. Tendría cinco o seis años y cada fin de semana la contemplaba desde la ventanilla trasera del coche cuando íbamos de camino a la estación de esquí de Sierra Nevada. La cabaña de los enanitos, la llamábamos. Seguro que ahora mismo, tras leer estas palabras, visualizas algo parecido a la casa de los siete amigos de Blancanieves, con sus siete camitas perfectamente hechas, sus siete platos colocados en orden en la mesa, sus paredes de piedra y su techo de paja, casi como pidiendo a gritos que el lobo de los tres cerditos la eche abajo. Y, claro, es que este *crossover* de cuentos no anda desencaminado, aunque mi lugar favorito del mundo es cien por cien real.

La casa de los enanitos —conocida con ese nombre en Granada— está situada en la apertura de una curva que sube por el puerto de montaña y es una edificación alpina en el corazón del sur de España, antítesis de todo lo alpino, por supuesto. Su techo a dos aguas, deslizándose entre los árboles que he visto crecer durante todos estos años, la esconde un poco de las miradas. Sus pequeñas ventanas rojas también parecen querer ocultar todo lo que sucede en su interior. En mi fértil imaginario infantil siempre rondaba la idea de que de verdad eran enanos los que vivían allí, pero nada más lejos de la realidad. Averigüé que se construyó a mediados de los sesenta y que pertenece a la familia que fabrica los helados más ricos de toda la ciudad. Sí había enanitos de verdad en su césped, de esos de cerámica con enseres de jardinería, que me trasladan a mis veranos en La Herradura, donde mis abuelos tenían, salpicados por todo el jardín, una pandilla de pequeños seres con gorritos rojos que se miraban entre ellos y a los que muchas veces yo les contaba mis secretos. También supe que los tuvieron que quitar porque los robaban, aunque a mí me gusta pensar que

Casa de los enanitos, carretera de Sierra Nevada (Granada).

decidieron viajar y ver mundo —como aquel que mandaba postales de sus aventuras en *Amélie*— y que, de vez en cuando, si nadie los mira, regresan de vacaciones a su lugar natal.

Pero las buenas historias se cuentan desde el principio. O sea, mucho antes de que yo pegara la nariz a la ventanilla de nuestro Alfa Romeo Sprint negro para ver más de cerca aquella enigmática construcción granadina, allá por el siglo XVI había una familia que lo hacía todo en Italia —y en el mundo—, los Médici. Nada se les resistía. De papas a reinas de Francia, pasando por mecenas, comisarios de arte, arquitectos. Eran los benefactores de Miguel Ángel o Botticelli, entre otros, y le daban salseo a la sociedad de entonces alimentando a menudo teorías conspiranoicas. Su poder e influencia se prolongó durante el Renacimiento y el Barroco, ampliando sus fronteras a toda Europa desde su base de operaciones florentina.

Uno de los mayores símbolos del poder de esta familia son las Capillas de los Médici, en la misma ciudad italiana. Allí debería haber un aviso de «*stendhalazo* asegurado», porque es un edificio de esos que quita el hipo en un segundo y se queda grabado en la retina por el resto de la existencia. Las dos veces que he podido entrar pasé media mañana encapsulando en mi memoria cada detalle, desde la alta cúpula pintada por Miguel Ángel (no eran sus mecenas por casualidad) e inspirada en el firmamento hasta la sacristía, decorada con una alegoría de las cuatro *Partes de la Jornada* (*Día, Noche, Aurora* y *Crepúsculo*), donde el artista dio rienda suelta a su talento escultor. Es posible que exagere, pero casi podría afirmar que es una cabaña en toda regla, construida con mármol de colores y piedras semipreciosas, que celebra la conexión de los príncipes con la vida, la muerte y el entorno natural. Todo ello en medio de una de las ciudades del mundo más masificadas por el turismo.

Fue en Italia, cuna del arte renacentista, y con los Médici como principales impulsores, donde se levantó la primera casa en el árbol conocida de la historia reciente. Situémonos a finales del siglo xv, en concreto en la Venecia de 1499. Inspirado en los antiguos manuscritos romanos y griegos que habían vuelto a ponerse de moda entre los intelectuales de la época, se publica uno de los libros más bellos y enigmáticos de la historia, el *Sueño de Polífilo*, una obra de ficción llena de misterio firmada por el fraile dominico Francesco Colonna (aunque algunas teorías la atribuyen a Lorenzo de Médici, el Magnífico, y en este caso todo quedaría en familia), llena de grabados descriptivos y refinados que describe casas en los árboles como tejidas entre las ramas, con habitaciones y ventanas que forman parte de un ambiente especialmente onírico en el que el protagonista busca a su amada en un país de ensueño lleno de construcciones arbóreas místicas.

Se dice que la obsesión de los Médici por las casas en los árboles —levantaban una en cada villa que construían— tiene su origen en este relato. Y cuenta la leyenda que la familia edificó una casa al aire libre en la Villa de Pratolino, un palacete espectacular en el corazón de la Toscana que es patrimonio de la humanidad (como no podía ser de otra manera). Esa finca, rodeada de una naturaleza con el aroma de los veranos eternos bajo la sombra de las coníferas, no tiene nada que envidiar a los jardines de Bóboli. Escaleras de mármol rodean el tronco del árbol más grande, un roble centenario, que dan acceso a diferentes estancias al aire libre destinadas al ocio y a recibir a los más exquisitos invitados en las cenas de estío de la corte de los mecenas. Esta curiosa y primigenia *treehouse* tenía incrustadas grandes piezas de piedra marmórea con una plataforma de ocho metros de largo presidida por una mesa, para mayor diversión.

Casa en el árbol de la familia Médici, en Florencia.

Un verdadero festival para los sentidos. Pagaría todos los florines del mundo por visitarla si pudiese plantarme allí con mi máquina del tiempo.

El único registro vivo que queda de aquel espectáculo de la naturaleza intervenido por el hombre es un grabado, aunque el común de los mortales no tiene acceso a él porque el museo Metropolitano de Arte de Nueva York lo guarda a buen recaudo en su archivo. *La casa del árbol de Pratolino* (*ca.* 1653) es un trabajo del maestro Stefano della Bella, patrocinado, para sorpresa de nadie, por Lorenzo de Médici durante el tiempo que pasó en la villa invitado como artista. Y he dicho bien lo del único registro vivo, ya que la desgracia cabañil llegó a mediados del siglo XVIII, cuando una tormenta eléctrica dañó el árbol y obligó a su tala. Me sorprendo muchas veces a mí misma imaginando ese espacio tan bucólico y lleno de plantas (que guardan los mejores secretos), sueño con que la misteriosa gran duquesa Bianca Cappello me coge del brazo y paseamos juntas cotilleando sobre los secretos mejor guardados de la corte y sus intentos de asesinato, con esa estética shakespeariana y florida de las películas de Kenneth Branagh de mediados de los noventa.

No cabe duda de que marcaron una época con sus cenas en el famosísimo roble. Hasta Michel de Montaigne, que visitó la villa alguna vez cautivado por ese rumor de la casa en el árbol, se quedó prendado de su belleza. Y claro, ya fue un no parar, se convirtieron en el *trending topic* de Europa. Esta popularidad iniciada por *la familia* llevó al ya por entonces célebre Leonardo da Vinci a construir su propia versión. El resultado fue un trampantojo de una *treehouse*. Decoró una sala del Castello Sforzesco de Milán con frescos y troncos que extendían sus ramas hasta cubrir el techo, convirtiéndola en una cabaña en medio de la naturaleza. La Sala delle Asse, una de las obras más desconocidas del genio, fue descubierta a mediados del siglo XIX y estuvo en restauración casi todo el siglo siguiente para recuperar la plenitud y viveza cromática de aquel homenaje a la vida cortesana de la época.

Llegados a este punto de la historia, tengo que ser sincera: los Médici no fueron del todo originales en sus excentricidades. Otra poderosa figura se les había adelantado cientos de años sin que ellos lo sospecharan siquiera. El emperador Calígula, allá por el siglo I, cuando ni siquiera existía el concepto de casa en el árbol, fue el primero en hacer algo parecido. Lo documentó ni más ni menos que Plinio el Viejo, quien, por cierto, junto con Ovidio, me sigue regalando alguna que otra pesadilla en la que no apruebo el examen de latín de COU. Plinio cuenta en su *Historia natural* que los plataneros se habían convertido en toda una sensación. Los había tan grandes que se podía vivir y comer en ellos, y el emperador se quedó tan maravillado con esa variedad recién llegada al imperio que no dudó en adueñarse de uno, con gran tronco, al que bautizó como «nido»:

> Los plátanos ganaron celebridad por vez primera en el paseo de la Academia de Atenas, por uno cuya raíz —de treinta y tres codos— era más grande que sus ramas. Actualmente, hay uno famoso en Licia, con el encanto añadido de una fuente de agua fría y situado al borde de una vereda; tiene una profunda oquedad de ochenta y un pies a manera de habitáculo, está cuajado de espesura en su copa y se recubre con sus colosales ramas, tan grandes como árboles, cubriendo los campos con la inmensidad de su sombra; y para que a la apariencia de cueva no le falte detalle, un zócalo de piedra pómez cubierto de

musgo reviste su interior; es tan digno de admiración que Licinio Muciano, cónsul por tres veces y hasta hace poco gobernador de aquella provincia, consideró que debía transmitir a la posteridad que él había asistido a un banquete junto con dieciocho convidados en el interior del árbol, que les suministró con largueza lechos de su propia hojarasca, y que allí descansó a resguardo de cualquier viento, oyendo el sonido amortiguado de la lluvia por entre las hojas, sintiéndose más a gusto que si se viera rodeado de resplandecientes mármoles, abigarradas pinturas y dorados artesonados.

Otra anécdota es la del emperador Gayo, que en la campiña de Velitras se quedó maravillado con los entablados puestos sobre un ejemplar y con los bancos que se extendían a todo lo largo, sobre las vigas dispuestas encima de sus ramas, tras haber tomado parte en un banquete allí en lo alto —aunque él precisamente formaba parte de la sombra—, en un triclinio que dio cabida a quince comensales con su correspondiente servidumbre, y al que el susodicho llamó «el nido».[1]

Solo puedo imaginar la cantidad de ataques de alergia que debían tener todos aquellos romanos tan bien lucidos en primavera, cuando se subían a los plataneros. Porque, admitámoslo, su polen se te pega a la garganta como si su vida (y la tuya) dependiera de ello y te fastidian hasta el día más bonito del mes de mayo.

Cuando imagino esa casa en el árbol serpenteando entre escalones en el roble del jardín de los Médici, no puedo evitar pensar que es una versión más sofisticada y onírica de una de mis *treehouses* de ficción favoritas, aunque en vez de en una renacentista Florencia, se encontraba en un frondoso e inhóspito

---

1. Plinio el Viejo, *Historia natural. Libros XII a XV*, trad. de I. García Arribas, Madrid, Gredos, 2016, pp. 16-18.

planeta llamado Endor. ¿Te suena? Mi idilio más platónico con las casas en lo alto de los árboles es culpa de George Lucas. *El retorno del Jedi* me hizo querer mudarme con los ewoks a su aldea, rodeada de esas altas y fascinantes secuoyas. Las cabañas donde vivían Wicket W. Warrick y compañía son el prototipo ideal de casa en el árbol: a varios metros de altura sobre el suelo, construidas en madera, bien encajadas entre sus ramas, artesanales e imperfectas —lo de la perfección en el mundo cabañil está fuera de discusión, no hay cabida para ella, porque son perfectas en sí mismas—.

Es cierto que no hay un tratado o unas reglas que seguir para construirlas, pero la gran mayoría comparten estos elementos. Según *The Treehouse Guide*, el *Bricomanía* digital de las casas en los árboles, la estructura tiene que ser capaz de soportar el viento. Claro, porque si no nos encontramos con un drama que ni en las peores pesadillas de *Los tres cerditos*. Los ángulos de noventa grados deben ser lo más precisos posibles para asegurar su estabilidad y aguante. Además, hay toda una ciencia meteorológica relacionada para conseguir que sean prácticamente eternas. Todo un reto para cualquiera que se aventure a levantar una en la vida real. Con razón mis padres no nos dejaron reformar la de mis tíos. ¡Había que estudiar ingeniería para hacerlo! Con ocho años, no sabíamos ni usar un destornillador. Por cierto, siguiendo al pie de la letra la teoría cabañil de la madera, los ángulos y la aerodinámica, durante los años sesenta una pareja (de adultos, claro) construyó en Canadá un pueblo entero imitando un bosque encantado de cuento infantil; casualmente, allí se encuentra la casa en el árbol más alta del mundo. Su planta está a quince metros del suelo. Enroscada en un cedro de más de ochocientos años. Sin duda, no es apta para personas con acrofobia.

Como ya te habrás dado cuenta, mi temprano interés por las cabañas ha pasado por varias fases antes de convertirse en la obsesión actual. Si empezó por una infancia inundada por las cabañas imaginarias y Punky Brewster, pasando por una galaxia muy muy lejana y los peluditos de Endor, en plena adolescencia quise convertirme en la compañera de aventuras de Cósimo Rondò, el barón rampante de Italo Calvino, para recorrer la Europa del siglo XVIII sin bajar de las ramas, conociendo a ilustrados y conquistadores de la época. «Yo no sé si será cierto eso que se lee en los libros, que en la antigüedad un mono que hubiese salido de Roma saltando de un árbol a otro podía llegar a España sin tocar nunca el suelo»,[2] decía el hermano del protagonista. Y era verdad; cuando Cósimo se rebeló contra su familia y decidió subirse a un árbol y no bajar nunca más al suelo, se dio cuenta de que el mundo, visto desde arriba, era diferente: «"¡Quieres construir una cabaña sobre un árbol! ¿Dónde?". "Si llega el caso. El lugar lo escogeremos. Mientras tanto mi paradero está allí, en aquella encina hueca. Bajaré el cesto con la cuerda y podrás meter todo lo que necesite"».[3] Los huecos de los enormes troncos de las encinas eran su refugio, una cabaña en un árbol primitiva y natural, sin intervención humana, creando la sensación de libertad más absoluta.

Confieso que siempre he sentido cierta envidia del barón porque nunca he sido capaz de encaramarme a un árbol por vértigo. Él, entre coníferas, hizo amistad con piratas y exiliados por el rey Carlos III, repudiados que vivían al abrigo de las ramas sin pisar suelo español para no ser detenidos, en una colonia llamada

2. Italo Calvino, *El barón rampante*, trad. de Esther Benítez, Madrid, Siruela, 1993, p. 39.
   3. *Ibid.*

Olivabassa que, por cierto, habría dado para un gran guion de serie. *El barón rampante* es un libro al que siempre vuelvo cuando necesito evadirme. Es un poco cabaña, porque siento cada página como un remanso de tranquilidad donde respirar e imaginar grandes aventuras. Transcurre en una Europa que comenzaba a ser conocida como el viejo continente, en la que la decadencia del Siglo de las Luces se fusionaba con nuevas ideas y el nacimiento del romanticismo, mientras la Revolución francesa calentaba motores para dar el salto definitivo a la vida moderna. Pero esa, si acaso, es otra aventura. Calvino tenía una habilidad para narrar historias fantásticas y mundos inventados que son metáforas de la realidad más contemporánea y, tal vez por eso, la vida del joven barón de Rondò es hoy incluso más relevante que cuando se publicó, ya que reivindica una conexión del ser humano con la naturaleza que casi casi hemos perdido.

En la época de los Médici hubo también una soberana que sentía especial debilidad por encaramarse a los árboles, entre otras muchas cosas bizarras que hizo a lo largo de su reinado. Me refiero a Isabel I, la reina que nunca se casó. La mismísima *Queenie* celebró un banquete en una casa en el árbol en Kent y, claro, a partir de entonces, la moda de las *treehouses* inundó Gran Bretaña y se contagió por toda Europa. ¿Sabes que la más antigua del mundo aún en pie se encuentra precisamente en Reino Unido? Una maravilla de estilo Tudor que todavía conserva su esencia e historia. Situada en los aledaños del *cottage* Pitchford Hall, y encaramada en un tilo centenario, ya muy viejito, esta casita flotante se construyó a mediados del siglo XVII (dicen que allá por 1640), periodo que se considera, además, la Edad de Oro de las casas en los árboles. Levantada por los Ottely, era el orgullo de la familia, y se mantuvo firme e impasible una generación tras otra, viendo el tiempo y las historias pasar. Como dato curioso, fue una de las primeras edificaciones del país en contar con ventanas de cristal y se volvió especialmente famosa entre la realeza de la época. Diferentes cartas y escritos narran que la reina Victoria sentía fascinación por ella desde pequeña: con trece años, durante una gira por Inglaterra, la princesa se sintió embelesada ante la construcción. La puedo entender: ya te he contado que tuve un flechazo importante en mi infancia con la casa de los enanitos. Victoria, sin embargo, cumplió sus sueños. Escribió en su diario: «He recorrido la propiedad y he subido por una escalera ¡a una pequeña casa en un árbol!».[4] Se dice que pasó gran parte de su infancia allí, compartiendo la hora del té con la hija de los dueños y que, después de ser coronada, visitaba de vez en cuando el lugar durante la temporada de caza del zorro. La estancia que ocupaba no se ha modificado ni un ápice, con su cama, su sofá frente a la chimenea y las espectaculares vistas a la finca. Pero aquí no termina el protagonismo de esta singular casita, ya que a comienzos del siglo XX se produjo un pequeño giro de guion. Lady Sybil, la excéntrica heredera e hija del primer ministro británico Lord Rosebery, era una mujer fuera de su época de la que se dice que tenía contacto con el más allá —recuerda que entonces el espiritismo era todo un acontecimiento social—. Vivía en el invernadero junto a la *treehouse*, que utilizaba como guarida para leer la fortuna a todo aquel que se atrevía a subir a sus ramas. Era su santuario, como repetía a menudo. Pronto se corrió la voz de que una hechicera dominaba Pitchford Hall y maldecía a quien no le caía en gracia.

Aún queda otro capítulo en la longeva vinculación de esa propiedad con la realeza. Al encontrarse alejada de centros urbanos, con un difícil acceso a través de carreteras secundarias,

4. Anthony Aikman, *Treehouses*, Londres, Robert Hale, 1988, p. 53.

Pitchford Hall se convirtió en el lugar elegido para ejercer como refugio de la familia real durante la Segunda Guerra Mundial en caso de que Alemania invadiera la isla. Ya en los años setenta esa casa de campo alcanzó el estatus de edificio histórico y a mediados de los ochenta fue restaurada. Sin embargo, los Ottely tuvieron que venderla a principio de la década de 2000 por asuntos financieros y no la recuperaron hasta 2016; desde entonces se abre al público en ocasiones especiales, confirmando que no es nada fácil mantener a flote una herencia de este tipo. Fue en una de esas visitas guiadas que organiza la Historic House Society británica cuando tuve la oportunidad de verla por primera vez. Pitchford Hall no decepciona. Incluso me atrevo a decir, con la intimidad que da esta lectura, que la emoción me pudo y se me escapó alguna lágrima. Era un día muy frío y lluvioso de diciembre, de esos que amenazan con una tormenta casi apocalíptica que no te deja salir del coche. Pero, como sucede en las mejores películas, el diluvio que transcurría mientras visitaba la casa principal cesó justo al salir al jardín. Entonces un sol en un espectacular cielo azul iluminó el camino hasta el centenario tilo, donde se alzaba majestuosa la casita en el árbol más antigua de la historia. Confieso que me recorrió una sensación extraña al subir sus peldaños y mirar, en su interior, a través de las ventanas. Imaginé a una pequeña Victoria sirviendo el té a sus muñecos o a Sybil leyendo los arcanos y adivinando la fortuna de unos pocos. Es impresionante ver cómo la casa se mantiene impasible ante el paso de los años, en medio de ese paisaje. Para celebrar aquel pequeño milagro meteorológico, brindamos en el salón de la familia Ottely, rodeados de las pinturas de sus antepasados que cuelgan de las paredes de madera, con un buen vino caliente, un pastelito de Navidad casero y una enorme chimenea desde la que, según dicen, entra la luz del sol.

La casa en el árbol más antigua del mundo,
en Pitchford Hall (Reino Unido).

Queda claro que ya para comienzos del siglo XIX las cabañas en los árboles eran tendencia y casi religión en todas las casas de campo (las que constituían una segunda residencia, por supuesto; los campesinos vivían de otra manera). No había rincón de descanso en el mundo sin su particular *treehouse*. Aquello que Calígula y los Médici habían iniciado siglos antes no tenía vuelta atrás.

París, en su máximo punto de ebullición cultural, se alzó como centro neurálgico de ese *trend* de la manera más inesperada. Pongamos en contexto todo esto: como pasó en su día con *Los pilares de la tierra*, que se convirtió en un best seller de la noche a la mañana, al *Robinson Crusoe* de Daniel Defoe le sucedió algo parecido. Publicado en 1719, narra las aventuras de un náufrago que vivió solo en una isla durante veintiocho años. Este personaje fue la principal inspiración de un hostelero afincado en Le Plessis, al sur de París, llamado Joseph Gueusquin que, fascinado por la novela más de un siglo después, quiso adaptar la historia en forma de restaurante, pero no de un comedor cualquiera, sino de uno entre las ramas de un castaño. Así, en 1848 hizo realidad ese sueño de infancia y nació Au Grand Robinson, que más adelante se conocería como Le Vrai Arbre de Robinson, una taberna a varios metros de altura, cuyo interior era todo un homenaje temático a Crusoe (desde los murales hasta la vajilla y la cubertería). Casi parecía que el propio personaje de ficción fuera a aparecer en cualquier rincón sujetando una bandeja con cervezas. En la entrada, majestuoso, este mensaje: «Robinson, nombre querido de la infancia, que el viejo aún recuerda. Cuyo recuerdo, dulce tesoro, nos lleva a los días de inocencia». Un recordatorio, precisamente, de cómo en nuestro imaginario, desde que apenas tenemos uso de razón, existen estas pequeñas construcciones de madera.

Pronto, y dado el grandísimo éxito de este lugar, los parisinos empezaron a peregrinar en masa para disfrutar de la diversión en las alturas. Así como la reducción de vinagre de Módena fomentó una fiebre gastronómica en todos los restaurantes a mediados de la década de 2000, salpicando de ensaladas a postres para horror de muchos cocineros y expertos, a finales del siglo xix las *treehouses* con sello francés se extendieron por toda la ribera del Sena y eclosionaron como tendencia en París. Se llegaron a contar más de doscientas de ellas, nada más y nada menos. Esto fue el comienzo de una especie de *cabin fever* social que duró hasta los años sesenta del siglo xx y que popularmente se denominó *les guinguettes de Robinson*. Su propuesta lúdica era comida, música y verbenas junto al río. Proporcionaban a los más bohemios el enclave perfecto para pasar los meses de calor veraniego. Pintores como Monet o Renoir se encargaron de retratar para la posteridad esos ratos de ocio de la *jet set*. ¡Qué bucólicas esas escenas de estilo impresionista de pícnics en la hierba y bailes bajo los árboles!

Lejos del barullo de la gran ciudad, los parisinos encontraban paz y sosiego en zonas más costeras y tranquilas. Personajes ilustres como Napoleón III, el rey Alfonso XII —exiliado y protegido del emperador francés— o el mismísimo Lenin se dejaron ver por estas *guinguettes* en su momento de mayor esplendor. El escritor Charles Dickens cuenta en sus diarios de viaje que, aburrido del París nocturno y su desenfreno, fue con unos amigos hacia el sur para conocer al Robinson Crusoe francés en lo que prometía convertirse en toda una aventura en la naturaleza y de desconexión de la urbe. Describió, con gran detalle, que el lugar era romántico y pintoresco —«es la isla de Robinson Crusoe con el hechizo roto, colonizada por gente que ha montado cafés y restaurantes»—, pero que, en realidad, el señor

Crusoe no era una persona, sino una pequeña aldea llena de construcciones de madera donde pasar un buen rato. Era cierto, ya que poco después el pueblo se renombró oficialmente como Le Plessis-Robinson, nombre que hoy mantiene. La modernidad llegó de repente a esa zona, en la que los bailes tradicionales dieron paso a la polka, el vals e incluso al desvergonzado tango.

Durante la fogosidad de la Belle Époque, ya cercana la Gran Guerra, las *guinguettes* fueron acusadas de libertinaje y alboroto. Eso no hizo que su fama decayera: su repercusión era ya tan mayúscula en esa primera década del siglo XX que las postales de Robinson rivalizaban con las de la torre Eiffel o el Mont Saint-Michel, que ahí parece nada. Sin embargo, la Segunda Guerra Mundial firmó su sentencia de muerte. Europa cambió y se abandonó ese estilo de vida tan escandaloso y hedonista. La mayoría de las tabernas cerraron o se transformaron en talleres de coches y viviendas particulares. Au Grand Robinson intentó mantener el fuelle algunos años más, pero a mediados de los sesenta se convirtió en un restaurante temático del Oeste, un *saloon* americano que duró poco, dejando en la sombra y en el olvido aquello que había disparado su popularidad medio siglo antes. Hoy tan solo quedan ruinas salpicadas entre los castaños, y Le Plessis-Robinson no es más que un suburbio de la enorme ciudad de París que guarda la memoria en su nombre. Pocos son los franceses que recuerdan esta rara historia. Tras varias conversaciones con amigos parisinos, ninguno había oído hablar de ella, ni de las postales que se distribuyeron en su pico de popularidad, cuando parecía que las *guinguettes* serían eternas. Este detalle hace que piense en ellas con cierta ternura y nostalgia, por lo no vivido, lo no experimentado, lo olvidado y lo poco que, en realidad, conocemos nuestra herencia.

Le Vrai Arbre de Robinson, la primera *guinguette* en París.

El náufrago Crusoe no solo inspiró a Joseph Gueusquin. El primer ministro británico Winston Churchill fue también un gran aficionado a las aventuras imaginadas por Defoe y a otras historias de la familia Robinson (*El Robinson suizo*, de Johann David Wyss, publicado en 1812), que siempre contaba a sus hijos. La principal afición del político era el bricolaje y observar la naturaleza. Tanto lo relajaban y le hacían desconectar de la realidad política que incluso los tabloides publicaban tiras cómicas con él convertido en pájaro, sobre una rama, observando la campiña inglesa. Cuando se mudó con su familia a Chartwell, donde residieron durante casi cuarenta años, no tardó en salir al jardín con todas sus herramientas y ponerse manos a la obra. Su objetivo era construir para sus hijos un pequeño *cottage* inspirado en los robinsones. La llamaron Wendy's House, como referencia a las casas de juegos —de madera o ladrillo— que se encontraban en los patios traseros y que se inspiraban en el refugio que los Niños Perdidos le construyeron a Wendy en Nunca Jamás. Y aunque lo edificó para ellos, el propio Churchill pasaba mucho tiempo allí, leyendo y olvidándose de la guerra. Incluso eligió ese rinconcito para escribir sus discursos, porque se sentía más tranquilo entre los árboles.

Supongo que esto confirma que, aunque lleves el peso de un país —y de una guerra— sobre tus hombros, una cabaña siempre es un espacio donde aliviar las grandes cargas y desconectar. El mundo, sin duda, se ve de otra manera desde la rama de un árbol.

¡Están locos esos romanos!

~

Las cabañas como refugio

A usted, que ya está cansado de la atmósfera hedionda de la urbe, de la trepidación de una vida frenética, un aire puro y perfumado le espera en un vasto y soberbio parque natural…

RENÉ GOSCINNY, *Astérix y Obélix.*
La residencia de los dioses

Los Médici fueron responsables de hacer de las cabañas un *hit* mundial, pero en realidad todo empezó con el fuego. O eso dicen. Siempre que pienso en ese momento me lo imagino como la secuencia de apertura de *2001: una odisea del espacio*, con los tambores del poema sinfónico de Strauss *Así habló Zaratustra*, inspirado en la obra de Nietzsche, como metáfora del *eureka* que grita quien descubre algo importante. Y con la primera chispa, todo cambió.

Unos construyeron techumbres con follajes, en aquellas primitivas agrupaciones humanas; otros excavaron cuevas al pie de la montaña, e incluso otros, fijándose en los nidos construidos por las golondrinas, imitándolos, prepararon habitáculos donde guarecerse, con barro y con ramitas. Al observar unos las chozas de otros y al ir aportando diversas novedades, fruto de sus reflexiones, cada vez iban construyendo mejor sus chozas o cabañas.[1]

Estas palabras son de Vitruvio, arquitecto del emperador Augusto y un romano muy majo que escribió el primer tratado de arquitectura de la historia. Fue también pionero en definir el término «cabaña». La describió como la construcción primitiva del ser humano, la asoció al descubrimiento del fuego y verbalizó el que sería uno de los primeros *plot twists* de la historia de la humanidad: el nacimiento de la vivienda y de la arquitectura.

Los romanos pensaron esos refugios ancestrales como espacios para relacionarse con la naturaleza, una noción aparentemente nueva que era más antigua que el hilo negro. Las primeras estructuras de troncos, que según el consenso de historiadores y arqueólogos son una versión primigenia de nuestra estructura favorita, se encontraron en el norte de Europa y datan de la Edad del Bronce (sobre el año 3000 a.C.), más o menos al mismo tiempo que se alzó el monumento de Stonehenge y comenzó el asentamiento de Troya. Los egipcios, por cierto, estaban empezando a coquetear con los jeroglíficos como sistema de escritura.

---

1. Vitruvio, *Los diez libros de arquitectura*, trad. de José Luis Oliver Domingo, Madrid, Alianza, 1995, l. II, p. 95.

Podría adentrarme incluso aún más en el abismo de la prehistoria, donde verdaderamente sucedió la magia. ¿Recuerdas la alegoría de la caverna de Platón? Un grupo de hombres, encadenados desde que nacieron, viven dentro de una cueva. Están de espaldas a la entrada, flanqueada por una hoguera detrás de la cual se encuentra el exterior, pero ellos no lo ven; su verdad es la que viven en la oscuridad, ya que es la única que conocen. Sin embargo, un día, uno de ellos es liberado. Mira a la salida, al fuego, a la luz del sol, y rompe con la realidad que había conocido hasta ese instante. Adquiere, de golpe, un conocimiento que ansía compartir con sus compañeros, a pesar de que los demás se burlan de él. Cada vez que regreso a este mito me acuerdo de mi profesor de Filosofía del instituto, a quien le encantaba esta historia y la contaba con mucha intensidad y emoción (como todos los buenos maestros, por otra parte). Siempre he pensado que puede que él fuera el individuo que había salido de la cueva —metafóricamente hablando, claro— para darnos el *conocimiento*.

Tal vez nuestra evolución habitacional sucedió de una manera parecida a lo que narra Platón. Las cuevas eran acogedoras, cálidas y protegían del ataque de animales y de las inclemencias del tiempo; pero un día, alguien tomó la decisión de salir de ellas e investigar las posibilidades del exterior. Al principio, las tribus itinerantes se refugiaban en árboles y grutas. El *Lijing*, o *Tratado de los ritos*, un clásico del mundo oriental y de la filosofía confuciana, describe que en los tiempos más antiguos nuestros ancestros no tenían casa. En invierno vivían en cuevas excavadas y en verano en una suerte de nidos fabricados encima de árboles con ramas y hojas. La vida nómada estaba, por tanto, condicionada por el territorio y las estaciones. Es curioso que haya pasado tanto tiempo y sigamos rodeados de esas tribus ambulantes que van buscando el sol durante todo el año. Ahora los llaman *nómadas digitales*. Con su ordenador a la espalda, como si fuera su arco o su hacha, disfrutan de temperaturas agradables mientras cazan tazas de café de especialidad en las ciudades de moda y (afortunadamente) ya no tienen que cavar o construir nada para guarecerse.

Las grutas y las piedras eran un buen refugio para nuestros antepasados, pero pronto, en esa vuelta de tuerca que significaron la agricultura, la rueda y el fuego, la población prehistórica *vio la luz*, como el hombrecillo platónico que decidió aventurarse al conocimiento, y se adaptó a unas nuevas condiciones de vida, más modernas y complejas, lo que supuso una revolución y el nacimiento de otras formas de habitar. Fue en ese momento exacto en el que se levantaron las primeras protocabañas. Al comienzo del Paleolítico, en plena Edad de Piedra, los refugios excavados en zonas llanas y protegidos con ramas y un toldo de hojas secas estaban llamados a convertirse en hogares construidos con arcilla y madera. Fue justo cuando los predecesores de la humanidad empezaron a practicar el sedentarismo. Las pequeñas colonias estaban formadas por asentamientos muy pequeños, de unos diez metros cuadrados, en los que convivían familias enteras. El perímetro de estas protocabañas se hacía con huesos de mamut y piedras, con los que se creaba un círculo a partir del cual se levantaban pequeños pilares con troncos sobre los que se iban acumulando cañas y ramas. Esa forma ovalada no era baladí, ya que permitía aprovechar más el espacio.

El papel de las mujeres, pioneras y arquitectas de la historia, fue muy importante en estas comunidades primigenias. Primero en el acondicionamiento de las cavernas y más adelante en la construcción de los refugios de hueso y madera. A principios de los años ochenta, el antropólogo rumano Norbert Schoenauer publicó una investigación sobre el desarrollo de las soluciones habitacionales desde la prehistoria. Analizó aquellos asentamientos primitivos en diferentes lugares del mundo y los comparó con construcciones de diversas tribus a lo largo y ancho del planeta, en las que las mujeres eran las principales *arquitectas* de los poblados. Llegó a la conclusión de que la mayoría fueron alzados por ellas. Entre otras muchas cosas, Schoenauer defendía que las casas no debían de ser mucho más altas que un árbol. Cuánta razón tenían nuestros ancestros, al final siempre estamos determinados por la naturaleza y su espacio. Desde los refugios en el desierto de Kalahari hasta la selva africana o el norte de América, la huella femenina ha sido evidente, con una responsabilidad importante y destacada. Mientras los hombres cazaban, ellas reconocían el terreno, elegían el lugar del asentamiento y definían la disposición y el tipo de vivienda. Las cabañas se levantaban en poco tiempo —tan solo unas horas— y con materiales recogidos en los alrededores. Eso favorecía el cambio rápido de ubicación cuando era necesario, por lo que, a pesar de la tendencia al sedentarismo, los hogares eran tan estables como un alojamiento en Airbnb. «En cuclillas, hincan arbolillos en el suelo hasta que están firmemente encajados. Cuando todos estos arbolillos enterrados forman un círculo alrededor de ellas, las mujeres se levantan y hábilmente los doblan sobre sus cabezas, torciendo y entrecruzando las pequeñas ramas hasta formar una estructura»,[2] explica el antropólogo.

2. Norbert Schoenauer, *6.000 años de hábitat*, trad. de Joselina Frontano Barcelona, Gustavo Gili, 1984, p. 21.

Refugio primigenio de paja y huesos.

Para tratar de confirmar la tesis de Schoenauer recurrí al padre de mi amigo Toni, que es arquitecto. Un verano, en una conversación de sobremesa, de esas en las que se alarga la charla hasta caer la tarde, le pregunté sobre la huella de las mujeres en la arquitectura, sobre si era cierto que su papel había sido fundamental en ese punto de inflexión para la especie, un momento importantísimo para nuestro desarrollo, y sobre si ese nimio detalle se había ido olvidando a lo largo de los milenios hasta llevar al anonimato el *quid* de la cuestión cabañil. Su respuesta fue tajante: la relación de la figura de la mujer con la construcción es un hecho incuestionable. Ellas estuvieron relegadas a la vida doméstica durante mucho tiempo, sí, pero fueron las primeras arquitectas de las culturas nómadas y las que de verdad llevaban los pantalones en casa. Entiéndeme, ni siquiera había pantalones que llevar.

Es importante tener en cuenta que la evolución no fue homogénea en todo el planeta. Aunque había pueblos formándose y construyendo algo parecido a ciudades, y las grandes civilizaciones empezaban a serlo con todas las letras (ya te he contado lo avanzados que estaban los egipcios, siempre un jeroglífico por delante en todo), convivían en el mismo espacio-tiempo con tribus que se asentaban en cuevas o viviendas efímeras. Por ejemplo, los nómadas del norte de Europa construían iglús; en las grandes estepas americanas, los clásicos tipis empezaban a cobrar forma, las yurtas llegaban al pueblo mongol y a Asia Central; las jaimas alojaban a los beduinos... Todas iguales, todas diferentes y cada una adaptada a su idiosincrasia y particularidad. Este, por cierto, fue el origen de lo que llamamos arquitectura vernácula. Apúntalo, porque es una pregunta habitual del Trivial. Todo cambió con las primeras sociedades hace doce mil años y el inicio del comercio. Las técnicas de construcción no tardaron en mejorarse, dando paso a los primeros templos y a grandes edificios, dejando a las cabañas donde realmente pertenecían: al campo.

La palabra «cabaña» proviene del latín tardío *capanna*, que significa «refugio». Pero a partir de la Edad Media comenzó a llamarse *cotagium* (en inglés, una de sus denominaciones es *cottage*, una variación de ese término). El nombre evolucionó y, con él, el uso que se le daba a la construcción. La cabaña pasó de ser esa guarida para vivir y protegerse, ubicada en poblados rudimentarios, a un remanso de paz en el entorno rural, ya que los núcleos urbanos crecían a un ritmo vertiginoso. Como Bolonia, que ha recibido el sobrenombre de «ciudad de los rascacielos del siglo XII». Estaba claro que no había sitio para ellas en las incipientes metrópolis, así que quedaron apartadas de la vida social y se transformaron en viviendas con granero en forma de anexo a las afueras. En muchas de ellas hacían vida los agricultores.

Poco a poco, a estas granjas medievales se sumaron unos nuevos compañeros: los pequeños refugios de montaña, situados en zonas de difícil acceso, donde los pastores y los ganaderos podían descansar y protegerse por la noche sin peligro ni frío cuando llevaban a pastar lejos a sus rebaños. En el Pirineo aragonés, sin ir más lejos, aún permanecen varios ejemplos de esto. Las mallatas son construcciones de piedra agrupadas y escondidas entre las laderas del monte que hacían las veces de guarida de pastoreo. Se encuentran en zonas donde hay agua y hierba, porque su objetivo era que el ganado pudiera pacer y descansar durante unos días sin tener que desplazarse. Es uno de los pocos arquetipos rurales de este tipo que se han mantenido intactos en toda Europa; la demostración, de nuevo, de cómo la vida del ser humano está inexorablemente ligada a la naturaleza, a pesar de nuestros muchos empeños en huir de ella. La integración en el paisaje tan peculiar de estas construcciones ha sido la principal valedora para que la zona del Monte Perdido alcance el estatus de Patrimonio Mundial que concede la Unesco. Se han contabilizado unas ciento cincuenta edificaciones aún en pie, e iniciativas como Proyecto Mallata están haciendo planes para rehabilitar estas chozas tradicionales y mantener la herencia vernácula pirenaica. Una curiosidad (para reválida del Trivial): las mallatas o majadas no se encontraban nunca aisladas, sino agrupadas como si fueran aldeas, y eso, con el tiempo, dio lugar al nacimiento de pueblos y localidades mayores que han acabado por llamarse Las Majadas, en Cuenca, o Majadahonda, en Madrid.

Pero no solo en el Pirineo se dio este fenómeno. En el corazón de Cantabria, las idílicas montañas del Pas también fueron testigo del paso del ser humano. Durante los siglos XVI y XVII, y debido a la explosión ganadera de la zona, los pastores construían cabañas de piedra cercadas por muros donde descansaban los meses de verano mientras duraba la trashumancia estacional. De esta manera se creó un paisaje muy peculiar en los valles pasiegos, con los prados salpicados de casitas (en la actualidad se contabilizan más de diez mil). Cada familia poseía una decena de refugios de este tipo a lo largo de los seiscientos kilómetros que cubren las montañas, permitiendo un recorrido de pastoreo extenso para el rebaño. Con el paso del tiempo estas chozas se transformaron en las *vividoras*: cabañas de piedra confortables con chimenea y cocina donde se podía pasar el invierno y evitar así el nomadismo durante los meses de verano, aprovechando el año completo de ganadería en las cordilleras. Al igual que pasaría con las mallatas, estas agrupaciones de viviendas se convertirían en pequeñas aldeas, muchas de ellas hoy abandonadas. Solitarias, se mantienen impasibles ante el paso del tiempo y siguen determinando el paisaje de la zona.

Unos viven las cabañas y otros las piensan. Los humanos somos curiosos por naturaleza, tendemos a buscar el origen de todo y desde muy corta edad nos obsesionamos con el porqué de las cosas, incluidas nuestras soluciones habitacionales. Eso es algo que nos hace únicos. A los que mejor se les dio esa búsqueda de lo desconocido fue a los ilustrados del siglo XVIII, también conocido como Siglo de las Luces (y con toda la razón, de esa iluminación nacieron el socialismo, los primeros avances científicos, se produjeron las revoluciones burguesas y se empezó a concebir el mundo moderno tal y como lo conocemos), que se encargaron de dotar de cuerpo filosófico a las cabañas prehistóricas. Con ellos se inauguró una nueva era del conocimiento. Escritores y teóricos de la época recuperaron, al igual que habían hecho sus predecesores en el Renacimiento, las ideas de varios textos antiguos, y enseguida los asaltó *la* pregunta: ¿cuál es el origen de la humanidad? ¿De dónde venimos y cómo hemos llegado hasta aquí? Aunque continuamos sin respuestas a esa gran incógnita, la naturaleza les parecía clave en la evolución del hombre y encontraban en ella muchas de las explicaciones a lo que había sucedido en el pasado. La veían como una gran fuente de inspiración para el progreso.

A ilustrados y naturalistas les obsesionaba hasta el extremo dar con el momento exacto en el que empezó la civilización a sentirse como tal, en una aldea o en una pequeña tribu. Entre esa pandilla de curiosos desmedidos destacó el francés Marc-Antoine Laugier, un jesuita reconvertido en teórico de las letras cuyo *Ensayo sobre la arquitectura* ha influido a generaciones de arquitectos y ha sido el punto de partida de intensos debates que se prolongan hasta hoy. Laugier definió la «cabaña primitiva» como la base de la arquitectura. La reivindicaba como comienzo «del todo» en la era de los hombres, que pasan de vivir al aire libre a hacerlo en la cueva y convertirse en constructores. Para él, el origen más lejano posible estaba, sin lugar a dudas, en esas cabañas —o protocabañas, insisto—, aunque no planteó en ningún momento una realidad histórica o científicamente exacta; era una hipótesis desarrollada a partir de la premisa de cómo los primeros *Homo sapiens* se relacionaban con la naturaleza. Sin más, y con todo el romanticismo que ello encarnaba. En su *Ensayo* describía ese paso de la cueva a la civilización de una manera escrupulosa y detallada, y explicaba que la cabaña fue la clave:

> Comenzaron unos a procurarse techados utilizando ramas y otros a cavar grutas bajo los montes, y algunos a hacer, imitando los nidos de las golondrinas con barro y ramas, recintos donde poder guarecerse. Luego, otros, observando los techos de sus vecinos y añadiéndoles ideas nuevas, fueron de día en día mejorando los tipos de sus chozas. Y como los hombres son por naturaleza imitadores y dóciles, haciendo alarde cada día de sus nuevas invenciones, se mostraban unos a otros las mejoras de sus edificaciones, y ejercitando así su ingenio fueron de grado en grado mejorando sus gustos.[3]

Hubo algo en esa época que marcó un antes y un después en el concepto de cabaña tal y como lo conocemos: el descubrimiento de Pompeya en 1748 y, con ello, el nacimiento de la arqueología moderna. Empezamos a disponer de herramientas

3. Marc-Antoine Laugier, *Ensayo sobre la arquitectura*, trad. de Maysi Veuthey Martínez y Lilia Maure Rubio, Madrid, Akal, 1999.

para entender nuestro pasado (¡de nuevo gracias a la curiosidad humana!) y al fin se comprendió el amor que los romanos profesaban por su entorno. La ciudad enterrada por el Vesubio había sido encontrada accidentalmente a finales del siglo XVI por el italiano Domenico Fontana. Excavando un túnel para desviar el cauce del río Sarno, sus trabajadores se tropezaron con los restos de una antigua población, pero él decidió restar importancia al hallazgo y este cayó en el olvido durante cien años. Fue entonces cuando entró en acción un ingeniero militar español, Roque Joaquín de Alcubierre, que por encargo del rey Carlos III de Borbón —bautizado como «el mejor alcalde de Madrid», ojo— descubrió el valioso yacimiento gracias al cual se revelaron algunos de los secretos mejor guardados de la vida cotidiana durante el Imperio romano.

Empezó a entenderse cómo vivían, sobre todo los patricios, y cómo una pequeña ciudad prolífica y comercial a los pies del majestuoso Vesubio podía ser el refugio perfecto para descansar lejos de la bulliciosa capital. Estaba compuesta por casas pequeñas, de espíritu rural y cabañil, a pesar de no haber sido levantadas en madera. Algunas incluso llegaban a tener dos plantas. Todas destacaban con patios centrales, frondosos jardines y huertos, siempre priorizando la vida en conexión con la naturaleza. Alrededor, calles empedradas para largos paseos e infinitos mosaicos de colores —muchos de ellos aún se conservan, hasta se dice que el grafiti nació allí hace dos mil años— con escenas y alegorías de los elementos de la naturaleza y de sus dioses domésticos; en los atrios centrales había lo que se denominaba *impluvium*, una especie de estanque que recogía el agua de la lluvia para ser reutilizada. Todo ello demostraba que los romanos crearon un imperio que respetaba el medioambiente e incluso fueron involuntarios abanderados de la sostenibilidad mucho antes de que se convirtiera en una necesidad (con algo de postureo) en el siglo XXI.

Los pompeyanos se dedicaban, en su mayoría, a la agricultura y la pesca, y vieron con buenos ojos esa invasión a cámara lenta de la clase más pudiente de Roma, ya que el suyo era un emplazamiento perfecto para esas construcciones rústicas y conectadas con la tierra que tanto gustaban en el imperio. Las *villae* eran el punto de unión y desconexión de las familias pudientes, espacios para la relajación, el silencio y lo intelectual. Si te fijas bien, es muy interesante pensar en cómo más de dos milenios después seguimos pareciéndonos a ellos, ya que nuestras metas en ese sentido son las mismas. El ser humano siempre ha querido desenchufarse del progreso en los momentos más álgidos de su evolución, cambiando el rumbo y la relación con las ciudades y la propia sociedad, como sucedió en la Ilustración. Y, claro, aquí hay que volver a las palabras del sabio Vitruvio, que tenía toda la razón al hablar de que la cabaña era ese lugar donde el hombre se relacionaba con la naturaleza.

De repente, he recordado una de mis viñetas favoritas de las aventuras de Astérix el Galo: aquella en la que el perrito de Astérix, Ideafix, lloraba y ladraba desconsolado cada vez que un romano talaba un árbol. Esta escena pertenece a *La residencia de los dioses* y refleja a la perfección la sabiduría y el conocimiento que tenían de la naturaleza en el Imperio romano. Julio César planea, en medio del bosque galo, *a menos de tres semanas de Roma*, una especie de hotel-*spa* para que los romanos descansen del ajetreo de la ciudad durante los fines de semana, disfrutando de la vida al aire libre. En el cómic, a doble página, un anuncio publicitario reza «Una vida sana y feliz digna de un Dios», junto a un edificio que rompía con lo tradicional de Roma —si se puede llamar a algo tradicional en esa época—

Ejemplo de *villa* romana en Pompeya.

y se inspiraba en el mismo bosque, lleno de patios, sin muros y abriendo el hogar al paisaje, para sentirse como en el mismísimo Olimpo. Vamos, un Marina d'Or en toda regla, solo que para patricios. Incluso, en el año 44 a.C., Julio César prohibió el paso nocturno de carruajes por las calles de Roma para que el silencio reinara en la capital y sus habitantes pudieran tener cierta sensación de paz y descanso dentro de la urbe. Parece que todo se haya inventado en el último siglo y no es así, los romanos ya eran domingueros antes que nosotros. Los primeros de la historia, menuda sorpresa.

Dice el *Diccionario de la lengua española* que un dominguero es una persona «que solo sale a divertirse los domingos y festivos». Aunque no está del todo claro cuándo se utilizó por primera vez este concepto, sí sabemos que el *dominguerismo* fue toda una moda durante la España franquista. Seguro que te suena esta escena —y, depende de tu edad, hasta la hayas vivido—: un Seat 600 lleno hasta los topes con toallas, cacharros, sombrillas, comida, niños, abuelos, padres y hasta el perro si me apuras, recorriendo las carreteras nacionales en fila india hasta llegar a su destino por unas horas: la playa. Aquellos prolíficos años sesenta eran sinónimo de domingo (el día libre de la semana, el día de la carne empanada en la montaña o la tortilla de patatas en la playa) para la incipiente industria turística. Mi recuerdo de los domingueros es más de *altura* pero cumple a rajatabla la definición: esas personas que iban a ver la nieve por primera vez, ataviadas con botas de lluvia que resbalaban solo con mirarlas, chubasqueros, los vaqueros calados y su plástico amarillo a punto de convertirse en un trineo improvisado. Menudas tortas se daban, pero vaya sonrisas tenían. Era una estampa que me llamaba mucho la atención, lo confieso. Hay un placer curioso en el hecho de convertirnos en domingueros en algún momento de nuestra vida, desinhibidos, dejándonos llevar por la inercia de no mirar el reloj durante unas horas. Aunque ahora sea un término más popular, creo que lo que le subyace desprende un romanticismo atractivo: quién no sueña con abandonar la ciudad por el mar o el campo, de manera inconsciente, para recargar pilas, sin mirar atrás y, sencillamente, disfrutar.

Si los romanos fueron los precursores de nuestros pequeños placeres de fin de semana, también tenemos que mirar al pasado para trazar los orígenes de otra de las grandes modas del siglo XXI: el *glamping*. El término lo acuñaron los exploradores Alexander Gordon Laing, Verney Lovett Cameron y David Livingstone (sí, ese archiconocido personaje al que quizá recuerdes por la famosa frase-meme «Doctor Livingstone, supongo», que cuenta el imaginario colectivo que dijo Henry Stanley al toparse con él en una zona muy remota del mundo) a finales del siglo XIX. En su tiempo, estos tres aventureros abrieron la puerta al turismo de masas y, con ello, al nacimiento del camping de lujo, que es a lo que remite la palabra *glamping* (unión de «glamour» y «camping»). ¿Qué puede haber más glamuroso que una enorme tienda llena de alfombras persas, muebles de madera y cristalería fina para tomar el té junto a las grandes pirámides?

Puede que en el siglo XIX se popularizase la idea, pero en otro inesperado salto en el tiempo tenemos que trasladarnos a las guerras y conquistas del siglo XII, que fue cuando de verdad surgió la *necesidad* de cubrir grandes distancias para batallar o recorrer nuevos territorios sin dejar de lado las comodidades de palacio. El historiador Ruy González de Clavijo fue de los primeros en plasmar y documentar este fenómeno que empezaron a utilizar de manera masiva los otomanos y mongoles, con Gengis Kan a la cabeza. El conquistador mongol, auténtico iniciador del *glamping* bélico, se hospedaba en lujosas tiendas durante sus largas marchas. Se les llamaba «palacios móviles» y los levantaban en torno a unas cuarenta personas. Pero no solo eran lugares para dormir; su ejército al completo trasladaba auténticas ciudades, por lo que los cronistas de la época definían sus campamentos como *imperial camps*, enormes aldeas de quita y pon que tenían hasta templo, todas llenas de telas de colores, bordados dorados y comodidades dignas de un rey. Qué curioso, viéndolo con perspectiva, cómo todo empezó con aquellas protocabañas que las mujeres de la prehistoria construían en pocas horas con una gran eficiencia y que fueron mutando a estas versiones más modernas y coloristas «móviles» en las que ellas ya no están presentes, reflejando ese cambio de dinámica de género en una construcción que se asemeja, admitámoslo, a ese deporte extremo que es intentar montar un mueble de Ikea sin perder la paciencia.

La evolución histórica de estos refugios temporales muestra que la necesidad de movilidad y simplicidad ha cedido ante las comodidades, marcando una transformación en la relación de las personas con su entorno y sus modos de vida. Esta costumbre se fue extendiendo por Turquía y la India conforme avanzaban las ocupaciones mongolas y, poco a poco, sus habitantes las tomaban como propias, de modo que acabaron formando ya inevitablemente parte de su tradición. En el siglo XV, Europa empezaba a abrirse a Oriente fascinada con su cultura, por lo que no tardó en adaptar y occidentalizar esta costumbre de las cabañas móviles. Y, por supuesto, los reyes fueron quienes más aprovecharon las comodidades de la cultura mongol y otomana. En concreto, Luis XVI y María Antonieta, adalides de una opulencia en peligrosa decadencia cuando Francia empezó a cansarse de los caprichos de la aristocracia y decidió abrir las puertas a la

Tienda de *glamping* británica de finales de siglo XIX.

revolución. No contento con su espectacular palacio de Versalles, sus fiestas y su desmadre, el rey mandó construir en los jardines un palacio móvil de inspiración otomana que pudiera transportarse en cada viaje. Claro, no sé si esta fue una de las múltiples gotas que colmaron el vaso de los parisinos, pero no tardó en llegar el momento en que rodaron las cabezas. Literalmente. Un par de siglos más tarde, los británicos, algo más listos que sus antecesores franceses y con esa elegancia que los caracteriza, descubrieron el legado mongol en las colonias indias y le dieron su toque distinguido. Tal era la fascinación del viejo continente por esa costumbre oriental que, en 1877, la reina Victoria de Inglaterra utilizó una *shamiana* para su coronación como emperatriz de la India. Desde ese momento, todo aquel que se preciara tenía que disponer de su propia tienda. Pronto, los primeros aventureros se dieron cuenta de que aquello era una mina de oro, y los tres exploradores Laing, Lovett Cameron y Livingston, de la manita, perpetraron un auténtico *boom* turístico: a finales del siglo XIX y principios del XX, los británicos más pudientes empezaron a viajar a África, Egipto y la India, sin dejar atrás ninguna de las comodidades de las que disfrutaban en la isla. Ataviados con sus camas *king size*, sus sábanas de seda, alfombras e incluso algunos muebles, disfrutaban de unas largas vacaciones a todo confort, como si siguieran en la mismísima Londres, gracias a que (les) creaban casas temporales para dormir en plena naturaleza, al lado de los leones. Yo, que intento siempre viajar ligera y odio facturar maletas, siento estrés cada vez que recreo mentalmente esta escena.

Hay una fotografía que siempre me viene a la cabeza al pensar en todos estos sobrecostes de equipaje. Creo que es de 1900, y en ella se ven varias mujeres británicas, bien ataviadas y elegantes, haciendo un pícnic con las pirámides de fondo, actuando como el decorado perfecto de un momento casi increíble, sin ser del todo consciente de la importancia del lugar y del momento que estaban viviendo. No puedo evitar imaginarlas durmiendo en esas grandes tiendas glamurosas, con sus cojines de seda, sus tocadores de madera noble, sus grandes espejos y sus vestidazos a medida. Toda una aventura. Esta moda *british*, sin duda, es lo más parecido a lo que hoy conocemos como acampada de lujo, una tendencia a la que se apuntaron, en los primeros años del siglo XXI, todos los festivales de música, encabezados por el histórico Glastonbury, donde se dejaba ver Kate Moss con sus botas Hunter llenas de barro entrando en el camping VIP para descansar en una tienda de campaña de lujo; y que llegó hasta el mismísimo corazón de Hollywood, con la boda *glamping* más famosa de la historia, protagonizada por Matthew McConaughey y Camila Alves, que inundó de tiendas safari su finca de Texas. Lentejuelas, la *crème de la crème* del cine y barro en las suelas de los zapatos durante tres días.

En esta aventura de mercantilizar y explotar la relación del ser humano con la naturaleza el *glamping* no ha hecho más que subir como la espuma desde la pandemia de la COVID-19. Ahora está hasta en la sopa, con permiso de Mafalda. Y no me extraña, pues incluso hay un estudio que asegura que ir de acampada mejora el ritmo circadiano y ayuda al sueño.[4] Recuerdo que, en pleno confinamiento, cuando empezábamos a dar los primeros paseos, tuve una charla con Mara Torres en su programa de radio *El Faro*, en la que hablamos sobre la historia

4. Ellen R. Stothard, Andrew W. McHill, Christopher M. Depner *et al.*, «Circadian Entrainment to the Natural Light-Dark Cycle across Seasons and the Weekend», *Current Biology*, vol. 27 (20 de febrero de 2017), pp. 508-513, <https://www.cell.com/current-biology/pdfExtended/S0960-9822(16)31522-6>.

de esa nueva forma de hacer turismo, algo que en aquel momento nos parecía casi platónico. Sonaba tan lejana la libertad de estar en plena naturaleza y respirar aire puro, sin mascarillas ni miedo a coger el virus, de dormir bajo las estrellas sin responsabilidades y convirtiendo ese espacio en todo un lujo, muchas veces, solo posible para unos pocos afortunados...

Al final, tras haber sido la primera construcción de la historia de la arquitectura y la civilización, nuestro refugio más ancestral y la base de la relación del hombre con lo natural, el universo cabañil ha caído en una intrascendente denominación comercial, hermanado con yurtas, *treehouses*, tipis, autocaravanas... En contra de la tendencia generalizada, creo en la cabaña como forma de vida, no para dominar el bosque ni mercantilizar sus espacios. Creo firmemente en ir de la mano con la naturaleza, aprovechando sus recursos en armonía, como se hacía hace tres mil años, como hacían los romanos, como también pensaron los ideólogos ilustrados. Y más de una vez me pregunto: ¿en qué momento dejamos de verla como un igual para comerciar con ella y convertirla en un bien de lujo?

La choza primitiva

~

El sueño de la cabaña como desconexión

En la profundidad del bosque, completamente solos, mientras el viento sacude la nieve de los árboles y dejamos atrás los últimos rastros humanos, nuestras reflexiones adquieren una riqueza y variedad muy superiores a las que ostentan cuando estamos inmersos en la vida de las ciudades.

HENRY DAVID THOREAU, *Un paseo invernal*

Hubo un tiempo en que la cabaña fue refugio físico, mutó en espacio para la escapada lúdica y muchos ya la habitan en la actualidad como toda una declaración de intenciones, una herramienta útil para quienes tienen por filosofía vital huir de la hiperconectividad y la sobrecarga informativa de la era digital. Con el eco de fondo del pensamiento de Henry David Thoreau, autores tan alejados entre sí como Marie Kondo o Cal Newport abogan por una reducción consciente del uso de las tecnologías, argumentando que la calidad de nuestra vida mejora significativamente cuando desconectamos las pantallas. Y es ahí donde la cabaña se presenta como un espacio ejemplar en el que practicar ese minimalismo, el catalizador perfecto para un proceso de introspección y redescubrimiento personal. La cabaña es autoayuda. Ya desde la fachada, con su simplicidad arquitectónica y funcional, esas casitas de madera hacen frente a la complejidad de la vida entre el asfalto. Están lejos del ruido, la contaminación y el estrés, así que lo tienen fácil para ser ese refugio necesario y más existencial. La limitación de estímulos externos facilita un encuentro íntimo con el silencio y con un ritmo natural que en muchas ocasiones hemos perdido. Sin embargo, la proyección idealizada que algunos hacen de la vida en una cabaña no está exenta de críticas. Esa búsqueda de la conexión con la naturaleza a través del aislamiento es muchas veces un privilegio al que no resulta fácil acceder, una suerte de evasión para aquellos que pueden permitírselo. ¿Cómo hemos podido llegar a que aire libre y vida austera sean un lujo reservado a unos pocos?

Es cierto que, en los últimos años, especialmente después de la pandemia de 2020, hay una tendencia a reconectar con la naturaleza tan evidente que es raro el día que no encontramos en nuestras redes sociales imágenes o vídeos de personas disfrutando en un bosque o en una cabaña. Cada vez es más normal volver un lunes al trabajo y que compañeros comenten alguna escapada *detox* senderista que han hecho. Es curioso cómo el capitalismo ha logrado apropiarse de algo que parece muy básico y esencial en nuestra vida hasta transformarlo en una actividad elitista e inalcanzable para la mayoría. Resulta inevitable reflexionar sobre si la propia naturaleza se está convirtiendo en un lujo, en algo aspiracional a lo que muchos no podemos acceder, aunque soñemos cada noche con huir a esos lugares tan salvajes que vemos en nuestro *feed*, inundado de *influencers* amaneciendo en espectaculares enclaves de madera con vistas a la montaña. Entonces, se vuelve preciso abordar la idea ilustrada de choza primitiva desde una perspectiva diferente, encaminada a ese pensamiento de la *vida sencilla*, ya que la cabaña —y la propia naturaleza— no solo es un espacio físico que nos dio cobijo en los albores de nuestra historia como especie. Fue el filósofo, naturalista y escritor Jean-Jacques Rousseau quien, en el siglo XVIII, sacó por primera vez a la palestra el concepto de *choza primitiva*. Predecesor del romanticismo y el naturalismo, acabó peleado con medio grupo ilustrado por pensar de un modo diferente a ellos (destacó su enfrentamiento intenso y continuado con Voltaire).

La *choza primitiva*, según Rousseau, simboliza el equilibrio entre una sociedad civil organizada y el entorno natural. Contaba en *El contrato social* que, con la construcción de las ciudades modernas, los seres humanos perdieron (acaso olvidaron) la libertad y la paz que proporciona el contacto con el bosque y el paisaje. Y esa cabaña ancestral representa un punto de inflexión en este proceso, para que la humanidad pueda reconectar con lo más puro y básico de la tierra; un símbolo de lo sencillo, de lo que hace que nos sintamos bien sin jerarquías ni encorsetamientos sociales. Eleva su pensamiento al arquetipo de simplicidad e incluso de autosuficiencia a través de una forma de vida que permite a los individuos satisfacer sus necesidades sin caer en las redes de la corrupción y la desigualdad de las comunidades más avanzadas. Para Rousseau, la choza es el recordatorio de que existe un modo de vida más auténtico y armonioso, sin verlo como inalcanzable. Es una metáfora sobre el frágil equilibrio en el que deberíamos instalarnos entre las necesidades naturales y las construcciones sociales, y lo pertinente de echar la vista atrás en el tiempo para reaprender a ser libres. En definitiva, buscar la autenticidad de la vida en un mundo cada vez más complejo: es lo que ahora llamamos *slow life*, que nos parece una idea novedosa y tremendamente actual.

Todos, en algún momento de nuestra vida, hemos fantaseado con dejar nuestra rutina y mudarnos al campo, hacer un *walden* como Thoreau (sin prisas, hablaré de él más adelante). ¿Te acuerdas de Beatriz Montañez, aquella periodista de *El Intermedio*? Pues ella LO HIZO. Sí, con mayúsculas. Emprendió un viaje de introspección y descubrimiento personal que la llevó a vivir aislada en una cabaña en el bosque, alejada de la vida urbana, de la tecnología y de las personas. Al principio no tenía ni electricidad. Esta experiencia radical la plasmó en *Niadela*, donde cuenta, a modo de diario, su camino hacia el autoconocimiento y su reconexión con la naturaleza más pura gracias al aislamiento. Tras alcanzar el éxito profesional experimentó una sensación de vacío y desasosiego, y se puso a cuestionar los modelos contemporáneos de felicidad y realización profesional, estándares de esa meritocracia en la que anidamos. Decidió abandonarlo todo y retirarse a una choza primitiva (real y metafórica) alejada de cualquier contacto humano. En su diario, narra la cotidianidad de la vida en aislamiento, desde las tareas domésticas hasta el enfrentamiento con los elementos naturales, el abastecimiento de agua, la recolección de leña y cómo es el tránsito de una vida urbanita a otra que depende del ciclo natural de la noche y del día en pleno bosque sin acceso a ningún tipo de tecnología, apreciando esas pequeñas maravillas de la naturaleza y una vida más sencilla.

Montañez es un ejemplo perfecto de aquella teoría de Rousseau que insistía en que volver a la naturaleza resulta

Niadela, la cabaña de Beatriz Montañez.

esencial para la paz, ya que es difícil que el ser humano pueda convivir en armonía con el entorno natural dentro de la dictadura del consumismo. *Niadela* y su espectacular historia es una crítica tan sutil como poderosa a los pilares de la vida contemporánea, que nos invita, como lectores, a cuestionar nuestro estilo de vida y nuestros valores. La vida sencilla y feliz es posible cuando dejamos de medir el éxito por los méritos y ponemos en primer plano la búsqueda de la armonía con uno mismo y el entorno. El testimonio de Montañez aporta una perspectiva inspiradora sobre cómo el aislamiento y la soledad voluntarios, junto con una rutina minimalista, pueden abrir caminos a una mayor comprensión de nosotros mismos y del mundo que nos rodea.

Cuando mi amiga María trabajaba en una revista de viajes, escribió que «la cabaña es refugio, naturaleza, es idilio, pero, ante todo, es el hogar primitivo, el origen humilde de nuestras casas y el lugar que, cual útero materno, cobija a quienes anhelan silencio —ese sonido blanco que produce la naturaleza— y necesitan soledad, a creadores que necesitan romper su rutina, desprenderse de lo mundano y evitar la cobertura para olvidarse de las interferencias de la tecnología diaria».[1] Y creo que un poco de eso, de esa choza primitiva, lo tenemos todos a nuestra manera en la actualidad. No tiene por qué ser un lugar físico; de hecho Rousseau nunca lo vio como tal sino desde un plano mucho más espiritual. Imagina ese lugar en el que te sientes tranquila, protegida, como en una burbuja imagina-

---

1. María F. Carballo, «Saludos desde lo más profundo de una cabaña», *Condé Nast Traveler*, 1 de junio de 2021, <https://www.traveler.es/naturaleza/articulos/cabanas-cuales-son-las-mas-bonitas-por-que-nos-gustan-tanto/21026>.

ria en la que estás relajada. Puede ser el metro, una esquina poco concurrida de la calle, la piscina de la casa de tus padres o el descansillo de tu piso de la ciudad. Personalmente, siento fascinación por los pasillos de supermercado, hacen que sienta una especie de ligereza a veces difícil de expresar. El automatismo de ir tachando cosas de la lista de la compra y pararme delante de la estantería de las pastas, observando cada bolsa, cada forma diferente (rizada, alargada), cada color, cada marca, me resulta hipnotizante. Admito que, cuando tengo un pico de estrés, suelo ir a una gran superficie, aunque apenas haya nada en mi lista. Me gusta observar desde ahí no solo la comida, inerte, a la espera de que la cojas, sino al resto de clientes, con sus carros, sus búsquedas y su extraña concentración por no dejar nada pendiente de comprar. Es una especie de automatismo, si le quieres poner nombre. Un hábito que seguimos de manera irracional y que, más allá del hambre, nos convierte en engranajes de esa producción en cadena que es el consumo.

Otros dos lugares me aportan esa sensación de paz constante y calma entre el ruido de la vida diaria: un bosque y un avión. Estas líneas las estoy escribiendo desde el segundo lugar, en un vuelo a Barcelona, a media tarde, cuando el sol está a puntito de caer, mientras diviso a través de la ventanilla mi montaña favorita, el pico Veleta, cubierta de nieve. Imagino cerca mi cabaña de los enanitos esperando para encender sus luces. Probablemente el atardecer es uno de mis momentos preferidos en el aire, porque si miras hacia el este es de noche, pero en la dirección contraria aún es de día, y casi parece que viajes en el tiempo a dos espacios a la vez. Dice Agustín Fernández Mallo que en los aviones no existe el horizonte, y tiene toda la razón, porque, al sentir que no perteneces ni al cielo ni a la tierra tu cabeza experimenta una sensación de desconexión muy especial.

No hay cobertura, no hay redes sociales, no hay conexión de ningún tipo con el mundo, no hay FOMO (*Fear of Missing Out*, o miedo a perderse algo) posible; durante unas horas solo existes tú y la tierra vista desde una perspectiva diferente. Eso para mí es un lujo, porque de repente te olvidas de todo y habitas un refugio particular y muy introspectivo.

El bosque, en cambio, me inspira armonía y plenitud dentro del caos. El doctor Qing Li, una eminencia en la investigación de los árboles y presidente de la Sociedad Japonesa de Terapia Forestal, asegura que pasamos el 93 por ciento de nuestro tiempo en interiores, alejados de la naturaleza, y que precisamente esa es una de las razones principales de que haya aumentado la negatividad, el estrés y de que tengamos una mirada más gris y plomiza del mundo.[2] Hace cuarenta años, para mitigar esta y otras tendencias negativas, en Japón se desarrollaron las terapias forestales, que poco a poco van conquistando a un Occidente sumido en la vorágine de la vida moderna, donde el hormigón y el asfalto dominan el paisaje y son símbolo de la evolución del ser humano. Los baños de bosque, o *Shinrin-yoku* en japonés, son un intento de combatir los efectos del estrés y la urbanización que en los años ochenta se estaban produciendo en el país. Científicos y médicos empezaron a promover entre los ciudadanos los beneficios de zambullirse en la atmósfera de las arboledas. Al contrario de lo que pueda parecer, esta práctica no consiste en hacer ejercicio físico al aire libre, ni siquiera senderismo, sino en una inmersión contemplativa: parar, mirar el paisaje y estar plenamente en el interior

2. Dr. Qing Li, *El poder del bosque. Shinrin-Yoku. Cómo encontrar la felicidad y la salud a través de los árboles*, trad. de Jorge Rizzo Tortuero, Barcelona, Roca, 2018.

del bosque con todos los sentidos despiertos. Su propósito fundamental es el bienestar holístico. En el ámbito físico, la ciencia ha demostrado que este tipo de terapia reduce la presión arterial, mejora la función de nuestro sistema inmunológico y disminuye los niveles de cortisol, que es la hormona que provoca el estrés. En un plano más sutil, ayuda a tener serenidad mental constante y equilibrio emocional, por lo que permite a las personas reconectar con su yo interno gracias a un ritmo más pausado y natural, como el del entorno. En alemán existe una palabra que define a la perfección este sentimiento de soledad y conexión con la naturaleza cuando estamos en el bosque, *Waldeinsamkeit*. Lo más probable es que, después de un baño como ese (en el que, por cierto, no te mojas), regreses a la ciudad y te parezca que todo va demasiado deprisa. Respiras al mismo tiempo que las hojas de los árboles, todo es más lento, más intenso.

Si ya te has preguntado por qué llegamos al *glamping* diez siglos después de Gengis Kan, ahora supongo que la cuestión es: ¿por qué son *trending topic* los baños de bosque en Occidente casi medio siglo después de ser descubiertos? La respuesta es sencilla: en una era definida por la tecnología y la rapidez, se han revelado como un poderoso antídoto a la saturación de contenidos. Son la vía más rápida y placentera para complacer nuestra necesidad de equilibrio y armonía que, como decía Rousseau, es la clave para vivir en paz en una sociedad moderna. Su popularidad refleja también un cambio de paradigma en nuestra percepción cultural: hay un reconocimiento creciente de que el bienestar no solo depende de factores físicos y materiales, sino de un profundo sentido de conexión con el mundo natural. Los bosques son ese espacio de sosiego que ayuda a desacelerar, bajar el ritmo de los latidos del corazón y conectarnos con nosotros mismos desde una perspectiva nueva.

El doctor Qing Li demostró que los baños de bosque son
una cura contra el estrés.

En este mismo sentido, Jenny Odell cuenta en *Cómo no hacer nada* (que se convirtió en el manifiesto *millennial* de la desconexión hace unos años) cómo un paseo al aire libre o la observación de los pájaros pueden contribuir a ese proceso de *detox* tecnológico que cada vez necesitamos más. Explica que, tras salir de un concierto en el que se interpretaba una obra de John Cage, cambió la manera en que escuchaba los sonidos de la ciudad. Al prestar atención, «trascendemos al yo. Las prácticas de atención se orientan hacia algo que queda fuera de nosotros mismos» y captamos todo desde una perspectiva diferente, justo como decía Rousseau. Es curioso que uno de los principales responsables de esa epifanía de Odell fuera el compositor John Cage, uno de los precursores de la música aleatoria y electrónica. Existe incluso un debate abierto sobre si sus piezas se pueden considerar música o no debido a su naturaleza, ya que llevó al límite la experimentación del sonido. Sin duda, el trabajo más importante de su carrera fue *4'33"*, una obra armónica en tres movimientos y en total silencio que juega con nuestra atención sobre lo que no se oye. Te invito a que, mientras lees este párrafo, la pongas en tu reproductor de preferencia y escuches más allá de la concentración en la lectura. Tal y como cuenta el escritor James Pritchett, uno de los mayores expertos en Cage del planeta, *4'33"* es una «pieza insonora» y provocadora que carece de melodía y que se ha convertido en todo un icono de la cultura de mediados de siglo XX.[3]

3. James Pritchett, «Lo que el silencio enseñó a John Cage: la historia de *4'33"*, en VV.AA., *La anarquía del silencio. John Cage y el arte experimental*, Barcelona, Museo d'Art Contemporani de Barcelona, 2009, pp. 166-177, <https://img.macba.cat/public/PDFs/jamespritchett_cage_cas.pdf>.

Pero, ojo, ese silencio está lejos de ser absoluto: los sonidos ambientales que suelen pasar desapercibidos cobran todo el protagonismo, tal y como averiguó Odell. Esta «composición» desafía nuestra concepción de la música y del arte. Creada en 1952, el pianista David Tudor fue el primero en interpretarla en público. Se sentó al piano, abrió la tapa y se quedó quieto durante treinta segundos. A continuación cerró la tapa, la volvió a abrir y siguió sentado, en silencio, durante dos minutos. Y así sucesivamente hasta completar los tres movimientos y los cuatro minutos y medio, momento en que abandonó el escenario. Cage nos enseña que el silencio no existe. El crujir de un mueble, el roce de la ropa o el sonido de unos pasos lejanos contribuyen a equilibrar y desconectarnos de los continuos ruidos de la urbe a los que estamos demasiado acostumbrados. Se puede entender como una forma de meditación, una metáfora de esa cabaña primitiva que invita a la introspección y a la conciencia plena. La obra de Cage conecta con el estudio del doctor Qing Li acerca de los árboles, porque ambos buscan generar una reflexión sobre el tiempo y nuestra relación con el mundo. Su objetivo es mejorar nuestro bienestar fijándonos en un paisaje sonoro cotidiano. En una era tan saturada de estímulos, hace falta un respiro reflexivo, un recordatorio de que debemos escuchar más allá de lo obvio. Como cuando estás en el bosque y cierras los ojos dejándote llevar por la naturaleza, o en la madrugada, cuando te desvelas y la ciudad está en silencio. Descubrí hace poco que existe un término perfecto para describir ese momento de la noche y que podría afirmar que para mí *es cabaña*: «conticinio», un cultismo en desuso que es la excusa perfecta para hablar de cómo el silencio se ha convertido, al igual que la naturaleza y las cabañas, en un lujo; y de cómo Cage lo vio antes que nadie.

La periodista (y finalista del Premio Planeta) Beatriz Serrano reflexionaba —sabiamente, como siempre lo hace— en un artículo de *El País* sobre por qué algo gratuito, que forma parte de nosotros, se ha convertido en un bien de consumo por el que hay gente dispuesta a pagar mucho dinero. «Sin silencio perdemos libertad».[4] Esa frase se me quedó clavada, porque es cierto, la perdemos; vivimos conectados 24/7 sin ser del todo conscientes de que el silencio es una necesidad tan primaria como respirar o comer. En una entrevista para la televisión alemana emitida en 2003, el escritor David Foster Wallace explicaba que una parte de nosotros siente la necesidad irremediable de gratificarse con tranquilidad y, sin embargo, parece que como sociedad ya no queremos que nada esté en silencio: siempre hay hilos musicales, tráfico o conversaciones y nuestro tiempo máximo de atención es de treinta segundos. «Cada vez se vuelve más difícil pedirle a la gente que lea o que contemple una obra de arte durante una hora o que escuche una pieza musical complicada y que requiere trabajo entender, porque en la cultura de internet todo sucede muy rápido».[5] En esta vorágine capitalista del no-ruido han nacido empresas que se dedican en exclusiva a vender experiencias *shhh*, como un oasis de quietud ante el bullicio de las grandes ciudades, dicen. Se han diseñado aplicaciones que te prometen descanso y romper por unos minutos con

4. Beatriz Serrano, «El silencio es el nuevo lujo: cómo vivir en un mundo cada vez más ruidoso nos ha hecho pagar por algo gratuito», *El País*, 28 de noviembre de 2022, <https://elpais.com/estilo-de-vida/2022-11-28/el-silencio-es-el-nuevo-lujo-como-vivir-en-un-mundo-cada-vez-mas-ruidoso-nos-ha-hecho-pagar-por-algo-gratuito.html>.

5. «David Foster Wallace on being alone, silence, reading, and our culture of instant gratification», ZDFmediatek interview, <https://www.youtube.com/watch?v=9g-OaS50gbA>.

la hiperconexión, paradójicamente desde tu moderno *smartphone* conectado. Y, por supuesto, también retiros de silencio y *mindfulness* en el campo, en yurtas, donde conectar con otras personas y olvidarte del móvil y el trabajo. Existen porque el silencio se ha convertido en un bien preciado, un nuevo mercado dentro del lujo asequible (al que, por cierto, no todo el mundo puede acceder) que apuntar a nuestra lista de pendientes.

Urs Peter Flueckiger nos enfrenta a una gran verdad en el libro *¿Cuánta casa necesitamos?*: el riesgo de saturarnos con información es muy obvio y el deseo de llevar una vida más sencilla es casi natural.[6] La cabaña —y perdón por la repetición— no es solo el espacio físico, sino un ideal, una metáfora de un refugio lejos de la saturación tecnológica al cual huir mentalmente y donde todo está bajo control. Es el espacio interior que habitamos, ese lugar donde nos encontramos con nuestros pensamientos más íntimos; ahí donde nadie habla ni nadie puede discutir. Durante muchos años, esa metáfora del cobijo a través del orden y el control fue para mí pasear. Iba desde Diagonal con passeig de Gràcia hasta el mar y volvía, escuchando en bucle algún álbum o canción del momento que me gustara, sin mirar el reloj y con el teléfono en modo avión. Muchas veces eran trayectos nocturnos, en los que agradecía la ausencia de personas y tráfico. Siempre pienso que en las grandes ciudades nunca miramos el cielo. Nos perdemos una visión única, y confieso que, más de una vez, me encontré mirando hacia arriba en medio del paseo tratando de vislumbrar alguna estrella despistada entre tanta contaminación lumínica. Me sentía como aquellas célebres e icónicas *flâneuses*, dejándome

6. Urs Peter Flueckiger, *¿Cuánta casa necesitamos? Thoreau, Le Corbusier y la cabaña sostenible*, trad. de Susana Landrove, Barcelona, Gustavo Gili, 2019.

llevar por la ciudad sin pensar en nada, como una observadora urbana que deambula por las calles con el propósito de sumergirse en la atmósfera de la ciudad y contemplar la vida que en ella se despliega desde un enfoque recogido y de meditación. Esta moda, para la que no se ha creado aún un anglicismo que la viralice, surgió en el París de mediados del siglo XIX, en un momento en que la ciudad empezaba a transformarse para acoger amplias avenidas y bulevares cuajados de comercios. Baudelaire definió a sus homólogos masculinos (los *flâneurs*) como observadores apasionados que experimentan la vida de la urbe, capaces de «estar fuera de casa, y sin embargo sentirse en casa en todas partes; ver el mundo, estar en el centro del mundo y permanecer oculto para ese mundo».[7] Encarnan esa soledad escogida en medio de la aglomeración de la vida moderna. A través de su existencia, nos invitan a mirar más allá de la superficie de nuestra vida para que encontremos belleza y desconexión en los espacios que habitamos.

El acto de deambular sin rumbo fijo, absorbiendo los detalles, la atmósfera, nos permite establecer una conexión muy peculiar con nuestro yo interior, con esa choza primitiva que tanto ansiamos encontrar. La periodista Adriana Herreros es, para mí, una auténtica *flâneuse* del siglo XXI. Habla de ello en su *newsletter Campo Visual*, una bella celebración de la cultura y pasión del paseo. Para ella, el acto de caminar tiene mucho de abstracción, de recogimiento; es una forma de refugiarse de los estímulos externos. Un acto relacional, una manera de estar presente en un mundo cuyas ciudades están planificadas en torno al consumo y la producción. Y nos tenemos que adaptar

7. Charles Baudelaire, *El pintor de la vida moderna*, ed. de Silvia Acierno y Julio Baquero Cruz, Madrid, Alianza, 2021.

a esos *caminos* que son las calles llenas de comercios y viviendas y que, en general, son paisajes urbanos que no resultan seductores para un paseante o *flâneur*. El agitado ritmo de las sociedades turbocapitalistas no deja apenas grietas al desahogo, y menos al desahogo a pie. Al igual que las reflexiones de Jenny Odell, la vida sencilla que buscaba Thoreau y la ruptura compositiva de John Cage, caminar nos conecta con lo que nos rodea, nos hace tomar conciencia y ser partícipes de lo que ya estaba ahí, desde un nuevo punto de vista. Adriana lo tiene claro: «Hay que desconectar (de la sociedad que te ha defraudado) y conectar (con el yo interno y la naturaleza). Hagamos proselitismo: seamos activistas del caminar».[8]

Todas estas ideas son hoy más relevantes y necesarias que nunca. Seguimos buscando formas de reflexionar y vivir de una manera más lenta dentro de una colectividad hiperconectada en la que el descanso se penaliza con pérdida de proyección profesional, el paulatino desentendimiento del círculo social, etc. En un mundo que alaba la presencia virtual, el *scroll* infinito y quedar con tus amigas con la agenda por delante haciendo *tetris* de horarios, el FOMO se ha convertido en símbolo de estatus. Y, por eso, no está de más *radicalizarse*, apagar el móvil y abrazar el JOMO (*Joy of Missing Out*, o alegría de perdérselo todo), un movimiento —nacido paradójicamente en las redes sociales— que se ha popularizado entre los que estamos abrumados por la intensidad de la vida digital, y ser *flâneurs* y *flâneuses* que disfrutan del silencio, de los baños de bosque y de la choza primitiva particular.

8. Entrevista de la autora.

Los jardines de Jane Austen

~

El mito de la cabaña del escritor

> Elizabeth se acercó a un ventanal para disfrutar del panorama. La colina coronada de bosques por la que habían descendido, mucho más abrupta desde la lejanía, era una perspectiva grandiosa en la que nada desentonaba; y la joven contempló con deleite aquel paisaje: el río, los árboles de sus orillas y las ondulaciones del valle.
>
> JANE AUSTEN, *Orgullo y prejuicio*

Siempre que intento aproximarme a una vida más lenta, regreso a Jane Austen. Cojo uno de sus libros de mi estantería y hojeo sus páginas revisando algunas frases o palabras subrayadas como si estuviera paseando entre ellas. Sus novelas son una máquina del tiempo capaz de trasladarme a esas escenas de la campiña inglesa preñada de parajes bucólicos, a esa desconexión absoluta en pleno contacto con la naturaleza y a la completa ausencia del ruido urbano. Son, sin duda, una celebración de lo tranquilo, de perderse por lo rural como metáfora de una vida más pausada. Para mí, *Orgullo y prejuicio*, *Emma* o *Persuasión* son pequeños refugios literarios, cabañas en forma de libros. Y me encanta esa sensación que me produce perderme en sus palabras, porque las novelas tienen el don de convertirse en chozas primitivas sin previo aviso.

Austen hacía del paisaje un protagonista más de sus historias: la espectacular mansión de Pemberley —ordenada, armoniosa, bella y plagada de naturaleza, según comentaba Elisabeth Bennet—, con sus jardines infinitos donde cazar y montar a caballo, no solo era espejo de la posición social del señor Darcy, sino también de su carácter y sus valores más personales. En más de una ocasión un hogar refleja el interior de un personaje. Valga como anécdota el pequeño y modesto *cottage* de campo de las hermanas Dashwood, que engloba todo aquello que imaginamos que debe ser una casita rural coqueta; o la abadía de Donwell y todo el microcosmos de Highbury, que son fiel muestra de la sociedad inglesa de la época y sus obsesiones. Los paseos por el campo son el momento perfecto para el coqueteo y la conversación. En *La abadía de Northanger*, por ejemplo, esas divertidas e inesperadas excursiones con pícnic por los alrededores de la ciudad de Bath no solo proporcionan un cambio de ambiente en la trama, sino que permiten a los personajes expresar opiniones y emociones que en otros entornos serían inapropiadas.

La naturaleza forma parte del lenguaje literario de Austen hasta el punto de convertirse en una alegoría de la historia más allá del cortejo y el (des)amor que realzan y reflejan las emociones de sus personajes. Un entorno de libertad y sinceridad en el que las personas se pueden revelar sin tabúes, convirtiendo el horizonte en un vehículo de introspección y descubrimiento personal. La relación entre el terreno y el individuo es íntima y pone de manifiesto esa desconexión de la vida urbana que en la época georgiana predicarían los románticos a los cuatro vientos. Es curioso observar lo presentes que están la contemplación del horizonte o la descripción del espacio natural en puntos clave de sus novelas. En un momento en que la Revolución Industrial comenzaba a transformar las ciudades y sus alrededores, la más célebre escritora de la Regencia encontró un refugio de certezas en la vida apacible y resiliente del campo.

Jane Austen y su literatura evocan de una manera sutil y muy elegante la idea de la cabaña del escritor, tan idealizada a lo largo de la historia. Este mito fascina y sorprende a partes iguales, porque hace referencia al sitio donde se supone que los autores pueden —podemos— encontrar ese *yo* para crear. ¿Quién no ha soñado alguna vez con ese lugar tranquilo, apartado de la ciudad (más bien, perdido en el bosque), en el cual la creatividad fluye sin obstáculos? Detente un momento e imagina un espacio donde el bloqueo no existe, donde el despertador no existe, donde el horario no existe. Para mí, ese rincón perfecto siempre ha sido la casa de mis abuelos en La Herradura. Sí, esa que tenía unos enanitos en el jardín y el sueño de una *treehouse* familiar para jugar con mi hermana durante las vacaciones de verano. De adolescente escribía relatos en los que me imaginaba como autora multipremiada. ¡Ay!, esas fantasías *delulu* de la juventud. Muchas de aquellas narraciones nacieron mientras estaba sentada en el poyete de piedra de aquel chalet de la Punta de la Mona. Aunque ya no existe (solo nos quedan las fotos y las conversaciones familiares), en mi imaginario suelo regresar al lugar donde vomitaba las palabras para ayudarme a seguir y encontrar ese *yo* de la cabaña del escritor.

Basta una sencilla búsqueda por internet para toparnos en pocos segundos (0,21 exactamente, según los eficientes cálculos de Google) con más de cien mil resultados relacionados con casitas, cabañas, invernaderos, garajes y otros cubículos de madera o piedra que han servido a literatos como vehículos de su creatividad. Numeradas y meticulosas listas, salpicadas por un buen puñado de imágenes, en las que Henry David Thoreau suele ser cabeza de cartel. «Casas donde dejaron huella los escritores», «10 casas de escritores que visitar en tus próximas vacaciones», «Lugares mágicos donde los escritores más famosos encontraron la inspiración»; en casi todos estos artículos encontrados al azar se habla del espacio físico, la cabaña, pero no desde un punto de vista figurado, el de la inspiración. Entre todos esos textos pensados para el SEO que no cuentan nada y que parecen malas fotocopias de un mismo original, encontré una columna de opinión de *The New York Times* que trataba de desmenuzar, párrafo a párrafo, el atractivo de los refugios para escribir.[1] En ella, David Wood da con una clave que, seguramente, es la responsable de ese magnetismo: el orden. Estos espacios destacan por un *aesthetic* sobrio, minimalista, libre de mobiliario y, por ende, de distracciones y que por eso nos llevan a un solo destino: concentrarnos en la tarea que nos atañe. Y ese, seguramente, es el *quid* de esta fantasía que ha cautivado la imaginación de muchísimos autores a lo largo de la historia. Desde la prehistoria, la cabaña ha sido un símbolo de refugio espiritual para la humanidad, un concepto que se expande mucho más allá del cobijo físico: es el santuario canóni-

---

1. David Wood, «The Lure of the Writer's Cabin», *The New York Times*, 9 de diciembre de 2012, <https://archive.nytimes.com/opinionator.blogs.nytimes.com/2012/12/09/the-lure-of-the-writers-cabin/>.

co para el pensamiento profundo, que conduce a una especie de terapia *mindfulness* rústica a partir de la cual dar rienda suelta a una conversación contigo misma, donde explorar y conectarte con ese yo más íntimo, ese que escribe, que da forma a las palabras con el fin de parir la gran novela de nuestra vida.

El término *cabaña del escritor*, tal y como lo conocemos en la actualidad, echa sus raíces en el anhelo universal de la soledad. En la antigüedad, filósofos, pensadores y escritores buscaban esa sensación mediante el retiro y el aislamiento en grutas y parajes del bosque, allí donde imperaba la serenidad de la naturaleza y gobernaba la introspección. Platón, por ejemplo, impartía sus enseñanzas y escribía desde un olivar a las afueras de Atenas, en su afán por encontrar la conexión más profunda con el pensamiento puro. Durante el Renacimiento, fueron los monasterios y los estudios de artistas los que se convirtieron en santuarios del saber, porque sus habitaciones estaban atestadas de pergaminos y textos sagrados, con una presencia mucho más espiritual, que llegaron a considerarse el núcleo de la intelectualidad para los teóricos y narradores. Sin embargo, ya sabes que no fue hasta mediados del siglo XIX, con los románticos, cuando todo cambió. La cabaña, en su simplicidad, se convirtió en estandarte de la resistencia contra el materialismo y la industrialización, en un espacio para reconectar con los ritmos naturales y la autenticidad del ser humano. Dramaturgos y filósofos abogaron por la vida en comunión con el entorno como medio para alcanzar una mayor comprensión de ellos mismos y del mundo.

Friedrich Nietzsche, el nihilista número uno de la historia, decía que, para él, una cabaña era soledad, altitud, silencio y espacialidad, un universo independiente que imaginaba continuamente en su cabeza cerca del lago Sils, muy próximo a su

La cabaña de Thoreau en los bosques de Walden Pond.

casa en Suiza. Es en ese momento, en que el pensamiento se potencia en conexión con la naturaleza, cuando encontramos por primera vez en la historia una referencia real a la idea platónica de la cabaña del escritor, una revolución —silenciosa— que llega de la mano de uno de los mitos e iconos más famosos del mundo cabañil, ese que encabeza todas las listas de internet: Henry David Thoreau. La suya es la primera y más urgente de la que se debe hablar cuando ambicionamos zambullirnos en el mito.

La cabaña de Thoreau se encontraba en un claro a orillas del lago Walden, a tan solo treinta kilómetros de la ciudad de Boston. Las vistas son de esas que quitan el hipo, con árboles frondosos que cambian de color con las estaciones y parecen bailar con el viento, un estanque natural de origen glaciar con más de diez mil años de historia... Se trataba de un emplazamiento alejado de la ciudad en el cual, en el siglo XIX, vivían personas de manera forzosa, con una distancia prudente de la sociedad que se consideraba *adecuada*: temporeros, esclavos liberados, antiguos delincuentes o vagabundos sin recursos. Periféricos. Excluidos. La peste. Y luego estaba Thoreau, que fue un gran paseante de los campos de Concord y alrededores. Un día decidió que Walden Pond era el sitio perfecto para el experimento de su vida: dejar la ciudad e irse a vivir al campo, o lo que ahora conocemos como *hacerse un walden*. No es de extrañar que él, autor de *La desobediencia civil*, un ensayo revolucionario que inspiró a grandes personajes como Gandhi o Tolstói, se rebelase de esta manera. Y así, durante dos años, dos meses y dos días, entre 1845 y 1847, vivió en un refugio de madera que construyó él mismo, que tenía tan solo trece metros cuadrados y que le costó 28 dólares y 12,5 céntimos (unos mil doscientos euros actuales). Su interior, escaso y casi vacío, curiosamente contaba con tres sillas: una para la soledad, otra para la amistad y la última para la sociedad. Dejó plasmada esa búsqueda de la esencia de la vida, lejos de la urbe, en el célebre *Walden*, un diario sobre aquella experiencia que fue publicado en 1854 y que con el tiempo se ha convertido en una de las bases de la estética y filosofía de la cabaña.

En este punto es preciso acercar la leyenda a la tierra, ya que no estuvo tan aislado como el mito popular refiere. En sus diarios cuenta que su madre le recogía la ropa sucia cada semana para hacerle la colada y que cada mañana caminaba hasta el pueblo más cercano para comprar pan y el periódico del día. Aislado o no, quien me conoce sabe que siempre digo que *Walden* es la biblia cabañil por excelencia, la patrocinadora de ese espíritu de los bosques, de la soledad voluntaria y la desconexión. «Nunca tendremos suficiente naturaleza», afirma el escritor en sus páginas. No le faltaba razón. Thoreau dedicó gran parte de su vida a pasear por el bosque, y sus hábitos de observación dejaron un legado muy interesante: fueron clave para que el presidente Roosevelt aceptase crear el primer sistema de Parques Nacionales de Estados Unidos, con el fin de proteger y conservar la fauna y la flora del país. Tras esa decisión, en 1933 se sentaron las bases de la administración medioambiental moderna, no solo en Estados Unidos sino a escala mundial.

Aquella económica cabaña que Thoreau levantó ya no existe. Al poco tiempo de que el autor abandonase el bosque, quedó en ruinas. Sin embargo, casi un siglo después, en 1945, el arqueólogo Rolan Robbins descubrió por casualidad su ubicación exacta, al dar con parte de la estructura original y algunos objetos que habían pertenecido al pensador estadounidense. Dos décadas más tarde, Walden Pond fue declarado Monumento Histórico y Literario Nacional. No obstante, en los años ochenta se construyó una réplica cerca del lugar exacto que ocupaba la cabaña original, donde ahora hay un montículo de piedras que los visitantes y curiosos han ido acumulando conforme llegan en peregrinación —se estima que cada año pasan por allí unas setecientas cincuenta mil personas en busca de inspiración y de la magia de la conexión con la naturaleza—. Junto a ellas, varias vigas de hormigón delimitan la parcela. A su lado, hay una placa conmemorativa.

A finales de la década de 1990, el filósofo Gilles A. Tiberghien, uno de los mayores expertos del mundo en Land Art, pasó un verano (el de 1999) en una cabaña en Vermont cerca de la famosa *thoreauniana*, y se dedicó a explorar y bañarse en el lago para impregnarse de ese espíritu Walden que tanto había cautivado al escritor del siglo XIX. El resultado fue *Notas sobre la cabaña*, un libro en el que contó que cuando le preguntaban a Thoreau si se había sentido solo en su aislamiento, este contestaba: «Qué tipo de espacio es el que separa a un hombre de sus semejantes y lo hace solitario, que de qué queremos vivir más cerca si no es de nosotros mismos».[2] Sin duda, el autor de *Caminar* abrazó hasta el extremo, con fervor e intensidad, esa idea de choza primitiva y búsqueda del ser fuera de la sociedad.

Si Thoreau es medalla de oro, la de plata se la lleva su compatriota Mark Twain. El estadounidense de bigote frondoso descubrió su amor y pasión por la escritura en una pequeña cabaña en California. Tras crecer en Missouri, haber sido capitán de barcos de vapor en el río Mississippi y periodista aficionado, Samuel Langhorne Clemens (su nombre real) llegó

---

2. Gilles A. Tiberghiem, *Notas sobre la cabaña*, trad. de Matías G. Rodríguez, Madrid, Biblioteca Nueva, 2017, p. 50.

a California con treinta años para labrarse un porvenir en la minería. Se alojó en una casita de madera a las afueras de San Francisco junto con los hermanos Gillis, con los que trabajaba y compartía la mayor parte del tiempo. Un día escuchó la historia de una rana saltarina e, inspirado por aquello, publicó su primer relato, *La célebre rana saltadora del distrito de Calaveras*, que firmó como Mark Twain, dando el pistoletazo de salida a su carrera como escritor, rumbo a convertirse en uno de los referentes más importantes de la literatura estadounidense. Como todas las que la rodeaban, aquella cabaña fue destruida, pero fue reconstruida en 1922 y aún hoy se puede visitar.

No importa el continente en el que estemos, la inspiración siempre llega mejor cuando nos mantenemos a cierta distancia del bullicio, cumpliendo el primero de los mandamientos esenciales de la cabaña del escritor. Y si no, que se lo digan al Nobel de Literatura irlandés George Bernard Shaw, quien disfrutó de su pequeño refugio a unos cincuenta kilómetros de Londres. Ubicado en el jardín de su casa de campo, Shaw's Corner, donde vivió con su mujer durante más de cuarenta años y hasta su muerte, era un espacio modesto, una especie de celda monástica de madera sobre ruedas. Perfecta para un ermitaño creativo como él. Con tan solo seis metros cuadrados, estaba construida sobre una base giratoria con ruedas que se movía al girar una manivela ubicada en el interior. Shaw se había inspirado en los cubículos móviles que el explorador polar Robert Falcon Scott y su equipo habían llevado durante la expedición al polo sur en 1912. La idea tenía truco: el escritor podía cambiar las vistas desde su ventana para refrescar las ideas y, lo más importante, tener siempre luz directa del sol. Toda una osadía tecnológica que además contaba con teléfono, calefactor y un despertador que le avisaba para ir a almorzar.

Se encerraba en su cabaña durante horas —y días— para disfrutar del aislamiento y la consiguiente libertad creativa. No la llamó «Londres» por casualidad. Cuando alguien telefoneaba a su residencia, el personal de la casa podía utilizar la excusa de que «el señor Shaw está en Londres» para eludir interrupciones poco afortunadas. Ahora bien, había excepciones: siempre tenía un nuevo pretexto para enseñarle su invento cabañil a sus camaradas. Gran amigo de la actriz Vivien Leigh, durante el rodaje de *César y Cleopatra*, en 1944, esta y el director de la película, Gabriel Pascal, lo visitaron y descubrieron su extravagante espacio de escritura. Aquella visita quedó plasmada en fotos para la posteridad. A pesar de que de que gozaba de fama y buena reputación entre los medios de comunicación y las *celebrities*, Shaw siempre se presentaba como un ser solitario y algo excéntrico, con su larga barba blanca y ataviado con su sempiterno traje. En una entrevista para la revista *World* a principios del siglo xx afirmaba, orgulloso de su refugio mínimo, que «todo espacio en el que quepa una cama y una mesa para escribir es tan propio de mí como cualquier otro»,[3] en un intento de apuntalar esa imagen mediática de ermitaño y de soledad voluntaria.

Los años veinte del siglo xx estuvieron marcados por la proliferación de las casitas de jardín entre las familias más pudientes de Europa, pero aquel original refugio de Shaw, fruto de una mente tan brillante como para dar con la manera de conseguir toda la luz natural posible cambiando la orientación del habitáculo, lo puso a la vanguardia del pensamiento médico

3. Alex Johnson, «Inside Bernard Shaw's Writing Shed, *Idler Magazine*, 29 de junio de 2020, <https://web.archive.org/web/20240112124607/https://www.idler.co.uk/article/inside-bernard-shaws-writing-shed/>.

El refugio de escritura de George Bernard Shaw.

y sostenible de la época. En 1929 hizo campaña para promover la idea de que la luz solar era un agente curativo. Instaló ventanas de Vitaglass, que permitían la entrada de rayos UVA en la cabaña, y su casa giratoria se convirtió en uno de los remedios más utilizados durante esa década para tratar a los enfermos de tuberculosis. El escritor falleció en el comedor de Shaw's Corner en 1950, y sus cenizas se esparcieron en el jardín, junto a la cabaña.

No obstante, en ocasiones la inspiración no reclama una cabaña como la de Thoreau o la de Shaw, que fueron espacios físicos a los que trasladarse y aislarse en la vida real. A veces, basta con una *habitación propia*, como la que Virginia Woolf tenía a su disposición en Monk's House, al sur de Reino Unido. El matrimonio Woolf adquirió este *cottage* del siglo XVII en 1919, al terminar la Gran Guerra, con la idea de llevar una vida más tranquila y desapegada de la ciudad y del caos bélico que había asolado Europa. El suyo era un santuario lejos del bullicio de Londres. Al principio pasaban algunas temporadas allí, pero en 1940 se instalaron definitivamente, porque era donde Virginia podía sumergirse en su escritura. La casa, situada en Rodmell, muy cerca de Brighton (algo así como la Costa del Sol británica y el centro neurálgico de la cultura de playa del país), tiene vistas a las colinas de South Dows y un espectáculo de jardines serenos y casi marítimos muy característicos del sur de Sussex. En la actualidad forma parte del archivo de casas históricas del British National Trust y se puede visitar.

Monk's House fue para la autora de *Las olas* un lugar rebosante de inspiración. Su cabaña de escritor era un invernadero de madera que había en el jardín de la modesta vivienda, pero en los años treinta la cambiaron de ubicación para proporcionarle vistas del monte Caburn, una idea nada descabellada, porque ella siempre había mantenido una relación especial con el

La cabaña de Virginia Woolf en Rodmell.

lugar y el paisaje que la rodeaba; era su refugio más íntimo, donde podía existir y crear de manera independiente. Documentó aquellos sentimientos en diarios personales y fotografías.

> Siempre siento un profundo abatimiento cuando tenemos que volver de Rodmell. Tal vez la fiebre continuada —el otro día perdí tres muelas para nada— puede ser una causa de mis altibajos. Aun así, los 10 días en Rodmell han transcurrido sin complicaciones. Allí una vive con la cabeza: me deslizo fácilmente de la escritura a la lectura con espacios entre ambas para dar paseos, paseos entre las hierbas altas de los prados por lo alto de los downs, &... La perfección alcanza tal nivel que se convierte en un estado normal. Lo mismo pasa con el tiempo, & la felicidad no es un estado extraordinario sino normal también. Y, por supuesto, a la vuelta de Rodmell, hay un vacío.[4]

Muchas de sus obras más significativas las escribió entre aquellas cuatro paredes, desde *La señora Dalloway* hasta su última novela, *Entre actos*. Ese espacio era su estudio personal, un caos ordenado lleno de libros, obras de arte y anotaciones que hacía las veces de refugio emocional y que era reflejo del trastorno bipolar que la llevaría, en 1941, a llenar de piedras su abrigo y hundirse en el río Ouse. En una de las misivas del escritor Lytton Strachey, con quien mantuvo correspondencia durante más de veinticinco años, certificaba su desorden a la hora de escribir al hablar de esas «plumas, colillas y restos de escritura» que formaban parte de la personalidad de Woolf. La británica también se escribía a menudo con la compositora y sufragista británica Ethel Smyth. En una de sus cartas a ella,

---

4. Virginia Woolf, *El diario de Virginia Woolf. Vol. II (1920-1924)*, trad. de Olivia de Miguel, Madrid, Tres Hermanas, 2018, p. 288.

de 1931, le confesaba: «Estoy entrenada para el silencio».[5] Una frase que se me ha quedado grabada a fuego en la memoria porque creo que explica a la perfección la importancia del espacio propio, tan necesario en la obra de Virginia Woolf.

En este punto, resulta ineludible la referencia a *Una habitación propia*, un ensayo escrito a partir de varias conferencias en el que articula la necesidad de que las mujeres tengan su lugar físico y financiero, argumentando que la libertad creativa es imposible sin independencia económica y personal. La relación de la escritora con Monk's House ejemplifica que un rinconcito dedicado puede servir como catalizador. Esta idea, además, resuena con fuerza con el concepto de la cabaña como refugio personal para la imaginación. Para Woolf, el entorno físico estaba intrínsecamente vinculado al proceso de escritura y la reflexión, al proporcionar no solo inspiración visual y emocional sino también seguridad y sensación de pertenencia e independencia en una sociedad en la cual la mujer no gozaba —aún— de ese estado. Los largos paseos por su jardín, de dos horas al día, las tardes interminables en su pequeña cabaña, la jardinería en el invernadero, eran, en cierto modo, ejercicios terapéuticos que la ayudaban a sentirse mejor, marcando, sin duda, su manera de vivir y de escribir.

No existe como tal un *decálogo de buenas maneras para ser escritor*, pero a lo largo de los siglos todos han tenido en común la conexión con la naturaleza. La disciplina de Bernard Shaw, la pseudoindependencia de Thoreau o los hábitos de Woolf en su *cottage* forman parte de esos requisitos no escritos para la creación más profunda. Ya sea caminando, observando el entorno

---

5. Virginia Woolf y Lytton Strachey, *600 libros desde que te conocí*, trad. de Socorro Giménez, México, JUS, 2017.

o reflexionando en el espacio real o metafórico en el que deciden volcar sus palabras, es cierto que la soledad consciente, el retiro voluntario del resto del mundo, es clave para la obra del escritor.

El filósofo y matemático vienés Ludwig Wittgenstein puso a prueba este método llevándolo a un extremo más complejo y cuando menos curioso. No quería vivir la misma experiencia *walden* de hermanamiento con la naturaleza; para él la armonía del entorno era con el lenguaje, con el pensamiento. En 1914, su voluntad de aislamiento lo llevó a construir una cabaña en un acantilado, en el pueblo de Skjolden, junto al fiordo de Sogn (Noruega), a setenta metros de altura. Para llegar a ella había que navegar o caminar por el hielo del fiordo durante el invierno y después ascender por un camino construido *ad hoc*. Desde allí podía observar (y ser observado) con distancia de la realidad. Esa esencia tan bucólica, tan elemental, fue el principal flechazo de Wittgenstein y lo que dio pie a que abandonase Cambridge, su residencia habitual. La importancia del paisaje de fondo como premisa para dejar volar sus ideas y pensamientos era clave; separarse del mundo y unirse a él para crear: «Wittgenstein necesitaba vistas amplias para que sus ojos se maravillaran».[6] Allí empezó a escribir sus *Notas sobre la lógica* que dieron lugar más tarde a su famoso *Tractatus logico-philosophicus*, una de las lecturas imprescindibles de la filosofía moderna.

La cabaña mantenía la estructura de la arquitectura vernácula noruega y desde la altura parecía fundirse con el bosque. Era una casa rural de unos treinta y cinco metros cuadrados con un porche techado que tenía vistas al lago Eidsvatnet. Toda

---

6. Michael Nedo, cit. en Enrique Clemente Quintana, *El proyecto de la casa de Ludwig Wittgenstein en Skjolden, Noruega* [tesis doctoral], Valencia, Universitat Politècnica de València, 2015, n. 6, p. 141.

la estructura era de madera, y al estar en una zona tan escarpada Wittgenstein inventó un sistema de poleas para subir agua y comida, del que aún quedan restos. La decoración era modesta, en la línea de otros escritores: una mesa con algunas sillas, un pequeño hornillo para calentar comida, una lámpara de aceite y un colchón para descansar. No existen fotografías de la cabaña, salvo las que hizo el propio filósofo, siempre desde la distancia. «No puedo imaginar que pudiera trabajar en ningún otro lugar como aquí. Es la tranquilidad, quizá, el maravilloso escenario; quiero decir, su tranquila seriedad».[7] La visitó por última vez en 1950, cuando se la regaló a un amigo noruego. Nunca volvió a ella, pues falleció poco tiempo después en Cambridge debido a un cáncer de próstata.

Investigando sobre su cabaña y su perspicaz visión como arquitecto —su gran hobby y obsesión, que le valió el aplauso del mismísimo Adolf Loos, entre otros, y con lo que pretendía demostrar que la filosofía podía aplicarse a ese campo a través de la construcción—, encontré que uno de mis escritores favoritos, Agustín Fernández Mallo, había documentado una visita al fiordo y su guarida en 2017, donde además abrió la primera vía de escalada directa desde el lago a la casa: «Iré y escalaré la Primera Directísima a la Cabaña Wittgenstein, iré y lo filmaré, es algo que nunca se ha hecho».[8] Para quienes no conocen el mundillo de los pies de gato, se trata de la vía más recta posible que se puede seguir en una pared. Casi nunca es la más sencilla ni mucho menos, tal vez sea de las complicadas

7. *Ibid.*, p. 145.
8. Bernardí Roig, Fernando Castro Flórez y Agustín Fernández Mallo, *Wittgenstein, arquitecto (el lugar inhabitable)*, Barcelona, Galaxia Gutenberg, 2020, p. 94.

—a lo largo de la historia se han abierto muchas (en el Naranjo de Bulnes, en Asturias, o en el espectacular monte Cervino, en los Alpes)—. Y así lo hizo, junto con dos amigos. Me pareció tremendamente fascinante una ocurrencia así y me sentí impulsada a hablar con él por teléfono de la experiencia. Además de un experimentado escalador, el autor de *Madre de corazón atómico* y del incombustible *Proyecto Nocilla* es un apasionado de la obra de Wittgenstein y su idea extraña y romántica de aislarse para crear. «Llevaba años configurándose en mi cabeza, botaban una serie de piezas que de repente confluyen ahí», concede. Así que, manos a la obra, se lanzó a una aventura —un poco ilegal, hay que decirlo, ya que desconocía si era algo que se pudiera hacer sin permisos— de subir a la cabaña de Wittgenstein por una pared de montaña que es la antítesis de lo que le gustaría a cualquier alpinista: estaba llena de musgo, plantas, humedad, piedras poco seguras, con casi setenta metros de caída libre al agua helada.

¿Estamos hablando del peor lugar del mundo para construir una cabaña? Si sumamos el acantilado, su difícil acceso, la orientación al norte, el frío y la humedad creo que tenemos el medio perfecto para convertirlo en la némesis de todo lo bucólico que puede albergar un escondite de escritor. Y precisamente ahí reside su atractivo. Wittgenstein siempre iba en pos del límite, de «esa pulsión mística de buscar las condiciones extremas para crear», dice Fernández Mallo. De hecho, es probable que nadie más haya repetido esa vía, pues resulta poco seductora para los entendidos. Y es seguro que nadie podrá repetir su hazaña y toparse, al final, con los restos originales: poco tiempo después, las ruinas se restauraron y la cabaña fue reconstruida para abrirla al público (ya ves que de la turistificación no se escapa ni el apuntador). Es imposible subir una directísima hacia lo que estaba más cercano a la metáfora de su pensamiento.

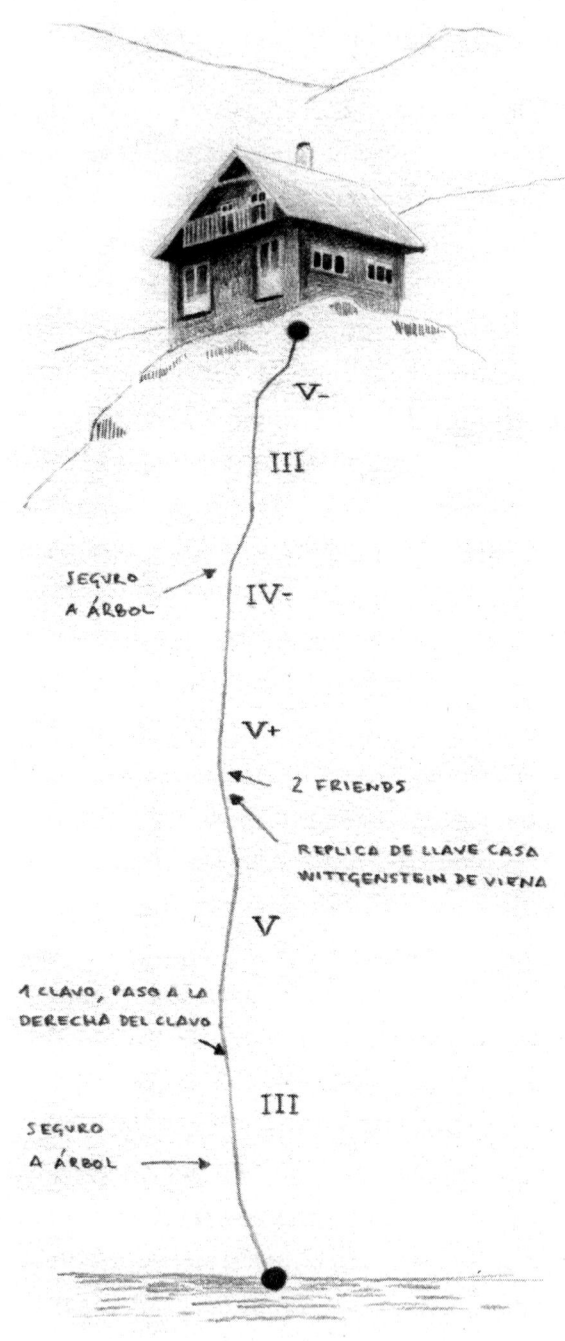

Mapa de la «Primera Directísima a la Cabaña Wittgenstein»
de Agustín Fernández Mallo en 2017.

No hace falta recalcar que el paisaje y el pensamiento sobre este fueron esenciales para la obra y la manera de ver el mundo de Ludwig Wittgenstein. Pero, sin duda, esa conexión entre la soledad y el espacio físico también fue uno de los temas más importantes sobre los que reflexionaron otros filósofos del siglo XX. Martin Heidegger, uno de los pensadores más influyentes de la era moderna, recoge el testigo cabañil del autor del *Tractatus* desde el concepto *Dasein* (estar-en-el-mundo): el ser humano no es un espectador aislado del entorno, sino que está intrínsecamente conectado a él; el espacio no es un vacío abstracto, sino un lugar lleno de significado. Heidegger decía que su trabajo estaba relacionado de forma directa con la naturaleza y el entorno que lo rodeaba. ¿Acaso dudabas de que también gozó de su particular refugio en el bosque? Su retiro se encontraba en el corazón de la Selva Negra alemana. Era una pequeña casa rural de unos cuarenta metros cuadrados ubicada en Todtnauberg que fue clave en su obra. La llamó *Die Hütte* («el refugio») y en ella escribió el primer borrador de *Ser y tiempo*, su tratado más relevante. Para él fue más que un lugar físico donde escribir y desconectar. Durante más de cincuenta años encontró la paz y la tranquilidad necesarias para hilvanar su teoría filosófica, arropándose con la esencia del lugar y sus alrededores, sintiendo las estaciones, disfrutando del paisaje y del silencio como reclamos fundamentales para esa intimidad propia del yo escritor. La austeridad de su cabaña contrastaba con su activa vida académica y urbana, proporcionándole un ambiente óptimo para meditar y escribir.

En *Construir, habitar, pensar* dice que el espacio es, ante todo, un lugar habitado y vivido; su cabaña en los bosques del sur de Alemania ejemplificaba a la perfección esta idea: no es solo la estructura física, sino la carga emocional que auspicia en su interior, donde el escritor reflexiona sobre el mundo. Seguramente él sea una de las personas que mejor definió la metáfora de la cabaña del escritor, haciéndonos ver que el contexto físico influye en la forma en que comprendemos lo que sucede alrededor y nos condiciona a la hora de crear. El entorno —el bosque— no solo era fuente de tranquilidad; Heidegger creía que la naturaleza tenía una capacidad única para revelar aspectos profundos del ser humano que solían pasar desapercibidos en el vértigo de la vida cotidiana.

En la cabaña, el individuo podía observar el cambio y la transformación del paisaje con mayor atención, sin distracciones. En un ensayo publicado en 2006 sobre la cabaña de Heidegger, el profesor y arquitecto Adam Sharr relacionó la estructura de la *Hütte* con el pensamiento del filósofo.[9] Su diseño modesto y funcional se alinea con la noción heideggeriana de habitar con autenticidad. El experto sugiere que la disposición del interior y su construcción siguen una lógica meticulosa y adecuada, para nada aleatoria. La orientación tanto de la casa como de cada habitación estaba pensada para crear un entorno sereno, sin distracciones. Y esto es casi lo más relevante, porque confirma hasta qué punto muchas veces el paisaje determina la inspiración. Piensa si no en la elección de Thoreau en Walden o la búsqueda eterna del sol en el diminuto refugio de George Bernard Shaw.

El superpoder de la cabaña del escritor extiende sus raíces más allá de su propia área natural de influencia. A lo largo de la historia ha habido múltiples referencias de músicos, cineastas y científicos que usaron este tipo de recogimiento para dar a luz algunas de sus mejores obras. Hay uno entre mis preferi-

9. Adam Sharr, *Heidegger's Hut*, Cambridge, The MIT Press, 2006.

dos que no solo representa todo lo idílico que es eso de retirarse a crear de manera libre, sino que desde el punto de vista estético se parece mucho a cómo imagino mi propio refugio para escribir. El compositor y director de orquesta Gustav Mahler no tuvo una, sino ¡tres cabañas! A mí me encantan dos de ellas, ubicadas en Austria e Italia. En 1894 mandó construir una pequeña choza de montaña junto al lago Atter, en la vertiente austriaca de los Alpes, para retirarse a componer allí durante los meses de verano, rodeado de un espectacular paisaje. La cabaña contaba con un espacio abierto, tres ventanas, una mesa, una silla, una estufa y su piano. No entendía por qué las personas se quedaban solo con la parte más superficial de la naturaleza cuando en su propia esencia era misteriosa y eso, precisamente, era lo que se debía reflejar en el arte y la música. Su refugio alpino fue fiel reflejo de esa afirmación y durante tres años, en medio del silencio y el recogimiento, compuso allí algunas de sus piezas más famosas. No contento con aquella experiencia inmersiva cabañil, años más tarde el genio checo se hizo con una segunda cabaña. Ubicada en el Tirol, el corazón de los Dolomitas italianos, era toda de madera y gozaba de la estética tirolesa que ahora mismo estás imaginando. Su interior cumplía a la perfección la regla número uno del mito de la cabaña del escritor: la sencillez y el minimalismo (una mesa, una silla, un libro de Goethe y otro de Bethge, hojas de papel con pentagramas, una pluma, un gramófono de madera, sus gafas y un sobrero). Ambas estructuras forman parte del patrimonio histórico de Austria e Italia, respectivamente, y se pueden visitar.

Llegados a este punto, está claro que podemos diferenciar entre dos tipos de cabañas de escritor: aquellas en conexión con la naturaleza, donde el paisaje ayuda a la creación y a sentirnos

El refugio del músico Gustav Mahler en el lago Atter.

más cercanos a lo esencial del ser humano que nos propicia la escritura, como la de Thoreau; y aquellas preparadas para el aislamiento, en las que el bosque es lo de menos y la soledad escogida es la clave, como la de Wittgenstein. Fernández Mallo dice que si lo pensamos bien es una paradoja que alguien quiera aislarse para crear algo que luego se va a compartir con el mundo. Qué sentido tiene buscar su propio *espacio seguro*. Y crea esa idea de eremita, de ermitaño que es también un personaje: «Quien se aísla para crear no habla con nadie, no socializa. Entonces va creando un yo, un ego, que es textual. Un personaje que escribe, que creas a partir de ti mismo, que tiene misterio. Y me parece muy atractivo».[10] Él mismo tuvo un refugio propio para acometer su libro *Antibiótico*,[11] un único poema de cien páginas que escribió en una casa rural de León, donde estuvo incomunicado por la nieve durante veinte días y que, en realidad, no refleja esa idea solitaria y aislada.

Hemos hablado de dos tipos de cabañas de escritor, pero existe una tercera: aquella preparada para la destrucción. Hasta ahora parecía que el idilio entre la rudimentaria construcción y el oficio de escribir era inevitable; es esa realización del amor platónico (y romántico) por la naturaleza al que estamos ligados desde tiempos ancestrales. Pero a veces toda esta fantasía tan ideal de la soledad y la creación (un poco *misterwonderfuliana*, si se me permite) puede mutar en uno de los capítulos más oscuros del mito. Y el ejemplo más claro se encuentra en el pequeño refugio de madera en el que vivió el matemático estadounidense de ascendencia polaca Theodore Kaczynski. Tal vez no tengas ni idea de sobre quién te hablo, pero ¿cómo es

10. Entrevista de la autora.
11. Agustín Fernández Mallo, *Antibiótico*, Madrid, Visor, 2012.

posible que su casita de madera sea tan conocida? ¿Me tomas el pelo? Seguro que si te digo que este señor de nombre complicado de pronunciar es Unabomber (el apodo proviene del nombre del caso que el FBI abrió para identificarlo, UNABOMB, University and Airline Bomber) vas a quedarte con los ojos como platos delante de la página y sin duda pensarás: «¡Ah sí!, he visto esa cabaña en internet»; «¡Ah sí!, he visto su documental en Netflix».

Kaczynski es una de esas figuras que provocan una mezcla de temor y fascinación. Con un coeficiente intelectual de 167, superior al de genios como Albert Einstein o Stephen Hawking, tenía un talento innato para las matemáticas. Se graduó en Harvard y, tras doctorarse con tan solo veinticinco años, parecía que le esperaba un futuro prometedor. Sin embargo, su historia no siguió el curso esperado, y en vez de unirse a esa élite de grandes científicos eligió el lado oscuro, el reverso tenebroso de la fuerza. Desde muy joven se sentía desilusionado con las falsas promesas que el progreso tecnológico había hecho a la humanidad. Ahí está, precisamente, su legado. Su cabaña le permitió aislarse de la sociedad y convertirse en un ermitaño. Se mudó a un lugar remoto de Montana sin electricidad ni agua corriente, practicó la autosuficiencia y fue poco a poco desarrollando un odio cada vez más visceral y obsesivo hacia la sociedad moderna. Entre 1978 y 1995 llevó a cabo una campaña de miedo por todo Estados Unidos mediante el envío de dieciséis cartas-bomba a diversos objetivos, desde universidades hasta aerolíneas. Sus acciones dejaron tres víctimas mortales, una veintena de heridos y sembraron el pánico y la paranoia en el país. ¿Qué llevó a un genio de las matemáticas a caer en esa deriva terrorista? La respuesta se encuentra en su manifiesto, *La sociedad industrial y su futuro*, publicado en 1995, donde expone su visión distópica del mundo y argumenta que la Revolución Industrial y sus consecuencias han sido un desastre para la especie humana. Entre otras cosas, critica la dependencia de la tecnología, la deshumanización y la desaparición de la libertad individual. Usando técnicas rudimentarias y su conocimiento científico, Kaczynski fabricaba bombas en su cabaña, lejos de cualquier sospecha. Ubicada en el bosque de Lincoln, era de madera, la había construido solo y medía apenas doce metros cuadrados. Su interior, como él, era bastante claustrofóbico y desordenado, con una puerta y dos ventanas muy pequeñas que no dejaban que entrara la luz natural.

En 1996, cuando el FBI consiguió capturarlo, también se la quedó como evidencia policial. Fue trasladada, pieza a pieza, hasta su sede de Sacramento (California), donde durante un tiempo formó parte de la investigación y sirvió de prueba para el posterior juicio. La historia de esta cabaña se puede contar gracias a los archivos del FBI, pero sobre todo a través de los ojos de un periodista: Richard Barnes, la única persona que pudo documentar la auténtica odisea que supuso mover el refugio de Unabomber a los almacenes de la agencia. En la era del selfi y los filtros de Instagram, Barnes nos recuerda el poder atemporal de la fotografía documental. ¿Imaginas haber tenido la oportunidad de capturar con tu cámara ese viaje? El asunto es que no fue tan simple como llegar y disparar, porque todo el proceso estuvo rodeado de un gran secretismo. Un día recibió una llamada para un encargo fotográfico que tenía que ver con arquitectura. Sin embargo, al teléfono no podían desvelarle más detalles y, tras navegar por un laberinto de burocracia y protocolos de seguridad, por fin supo que frente a su objetivo estaría la mismísima cabaña de Ted Kaczynski, uno de los escenarios esenciales de la crónica negra de

Estados Unidos. El periodista no solo inmortalizó el traslado de la estructura y su interior, también algunos de los objetos que contenía, las auténticas herramientas del terror. El mérito de Barnes fue plasmar la dualidad existencial de una mente perturbada y brillante. A simple vista, en su entorno natural, aquella cabaña podía ser un refugio perfecto para amantes de la naturaleza y escapadas *detox* de la ciudad, pero en realidad resultaba ser el escondite de uno de los criminales más buscados de Estados Unidos. Es interesante, además, pensar en que ese proyecto va más allá del fotoperiodismo, pues es una reflexión —con todas las letras— sobre la soledad voluntaria y el aislamiento.

Las instantáneas, tomadas en su mayoría en blanco y negro, descontextualizan por completo la esencia *walden* de ese refugio y lo dejan congelado en el tiempo, en una especie de inquietante limbo cabañil. El gran público vio por primera vez las fotografías cuando se publicaron en *The New York Times Magazine*, en septiembre de 1998. En el reportaje, titulado «El humilde hogar del mal», el novelista Richard Ford se pregunta si las imágenes de su guarida nos podían ayudar a comprender mejor al hombre que fabricaba bombas, a descubrir (que no justificar) qué pudo o cómo pudo ocurrir. ¿Determinaba el espacio ese desenlace? ¿Su personalidad estaba definida por esa naturaleza y el aislamiento obsesivo, dentro de una sociedad en la que no encontraba su lugar?

A partir de las pruebas podemos decir esto: que esa casa es un lugar donde vivió alguien que deseaba ser lo suficientemente mínimo para parecer que no lo era, quizá para que su venganza pareciera provenir de la naturaleza, no del hombre, que tal vez el propietario estaba insatisfecho con el entorno que

La cabaña de Unabomber en los almacenes del FBI.

el mundo moderno le había proporcionado y deseaba menos amarras con ese mundo.[12]

El 10 de junio de 2023, Ted Kaczynski se suicidó en la cárcel a los ochenta y un años, dejando como legado algunos escritos y una cabaña que desde 2020 se encuentra en la sede central del FBI en Washington, en una gran nave aislada y sin acceso a visitas públicas.[13] Las fotos que hizo Barnes forman parte de las colecciones de museos como el MoMA o el Whitney para deleitar a curiosos y expertos que ansían contemplar con fascinación, curiosidad y, por qué no, un poco de piel de gallina una de las cabañas más espeluznantes de la historia en la única prueba física disponible de su existencia.

Desde el fin de la Segunda Guerra Mundial y con la velocidad de crucero que ha cogido el capitalismo para entrar en el siglo XXI, la cabaña del escritor ha ido mutando. A la fuerza, los clásicos refugios apartados en bosques remotos conviven en el imaginario literario con estudios urbanos en medio de una ciudad e incluso en la suerte de unos pocos que pueden permitirse esa huida del asfalto para centrarse en lo más importante: escribir. Jean-Paul Sartre, por ejemplo, concebía su *cabaña* en un rincón apartado de un café de París, donde el bullicio y las conversaciones de la gente se convertían en ruido blanco para escribir. Roald Dahl tenía una pequeña estructura de madera en el jardín de su casa en Buckinghamshire (Reino Unido),

---

12. Richard Ford, «Evil's Humble Home», *The New York Times Magazine*, 13 de septiembre de 1998, <https://www.nytimes.com/1998/09/13/magazine/evil-s-humble-home.html>.

13. «Unabomber's Cabin Reconstruction at FBI Headquarters», <https://www.fbi.gov/video-repository/unabombers-cabin-reconstruction-at-fbi-headquarters/view>.

de la que salieron algunas de sus obras más famosas. Neil Gaiman, por su parte, es aficionado a las *treehouses* y dispone de la suya propia para escribir. Incluso Stephen King encontró ese rincón de escritor ante un escritorio infantil, dentro de una caravana. Allí fue donde construyó su primera novela, *Carrie*. Por su parte, Gabi Martínez escribió *Delta* encerrado durante un año en una rudimentaria estructura situada en la isla de Buda, justo en la desembocadura del río Ebro. En su opinión, una cabaña «es el espacio de calma donde puedes articular universos. Un lugar capaz de dejar el ruido afuera, donde las ideas se asocian naturalmente gracias a que puedes dedicarles tiempo».[14] No tomó la decisión de ir allí a escribir a la ligera, quería replicar las condiciones en las que había vivido su madre cuando era pastora para poder acercarse a su imaginario, a lo que sentía, y escribir desde un yo más cercano y más aislado. Solo recibía las visitas de un cabrero al que ayudaba. La población más próxima se encontraba a seis kilómetros a pie. Para él los lugares nos determinan y perfilan nuestro pensamiento a largo plazo; así como Wittgenstein o Heidegger pudieron dar rienda suelta a sus doctrinas más importantes, Gabi cree que aquel refugio rural forma parte de su historia y de la atmósfera de su libro. Si bien es cierto que la tecnología ha alterado el concepto de aislamiento creativo, (aún) no ha logrado borrarlo. Sigue habiendo soñadores como Martínez, King o Gaiman que ansían acceder a ese sagrado espacio de creación en el que apagar el ruido digital. Por las razones que sean.

Pero no te engañes, la idea de que el aislamiento y el retiro del bullicio de la sociedad urbana son características esenciales para la creación literaria puede ser a la vez un sueño y una

14. Entrevista de la autora.

pesadilla. Ese retiro voluntario conlleva también un enorme sacrificio personal, lo que hace que el idilio del escritor con lo más esencial se convierta en una lucha interna consigo mismo y lo que se espera de él. «El reto del aislamiento siempre ha sido para mí prescindir de las personas que amas durante un tiempo prolongado», explica Martínez, que añade sobre su experiencia: «En alguna ocasión tuve que espabilar para lograr comida, superar algún miedo… pero, vaya, la constante es la ausencia de los demás. Los años me han permitido, eso sí, relativizar la añoranza. El manejo del tiempo es ahora más fácil».

Es duro y, aun así, un privilegio. Muchos (muchas, sobre todo) no se pueden permitir esa soledad elegida, apartada, silenciosa. Yo misma he escrito este libro a caballo entre el bullicio de varias ciudades, la oficina, en aeropuertos y aviones, en los vagones silencio del AVE (ese único capricho que te puedes dar en el tren para evitar las conversaciones a todo volumen), en cafeterías llenas de ruido o caminando por la ciudad escuchando notas de voz a 2× en mi móvil. En un mundo hiperconectado, en el que la tecnología y las obligaciones diarias demandan casi el cien por cien de nuestra atención, la idea de esa guarida vuelve a ser platónica. Un espacio dedicado solo a escribir conlleva además una situación de privilegio económico que no todo el mundo se puede permitir; en el pasado, los escritores a menudo residían en comunidades más asequibles o en residencias subvencionadas por mecenas, pero hoy no es lo habitual, lo que nos lleva a una pequeña caja de Pandora que merece la pena abrir: la imagen romántica del bosque de Thoreau o de Woolf con su habitación propia están profundamente enraizadas en una visión elitista de la creación artística. Aunque se hable con cierta distancia histórica y describamos con nostalgia lo rudimentario e incluso tosco de sus construcciones (asépticas, sencillas, sin casi decorar), durante siglos el acceso al tiempo libre para dedicarse al oficio de escritor se ha reservado solo a las clases altas y aquellos con recursos suficientes.

Sí, me dirás que existen iniciativas que buscan democratizar ese acceso a residencias, becas y otras oportunidades, pero no las suficientes. Al final, unos pocos tienen el paquete completo y la gran mayoría de jóvenes y eternas promesas rebusca entre las metáforas de su chistera cómo recrear ese halo sagrado de inspiración que le ayude a perder el miedo a la página en blanco sin tener que construir de cero su *habitación propia*.

La cabaña de la venganza de Le Corbusier

~

Y otras historias de arquitectos

«Tengo un castillo en la Costa Azul que tiene 3,66 metros por 3,66 metros. Lo hice para mi mujer; era espléndido, y dentro era extravagantemente confortable y bonito».[1] Fue lo que le dijo el arquitecto Charles-Édouard Jeanneret-Gris, que ha pasado a la historia como Le Corbusier, a un periodista en la radio francesa en 1962 en una conversación al hilo de Le Cabanon, su cabaña junto al mar. Con estas palabras también empezó mi aventura por la costa francesa. Sucedió en septiembre, uno de mis meses favoritos para viajar porque el verano ya decae y el otoño empieza a asomarse algo perezoso. Después de media hora de tren desde Niza, con vistas espectaculares al Mediterráneo, salpicadas de casas de lujo, pinares y yates en el hori-

1. Urs Peter Flueckiger, *¿Cuánta casa necesitamos? Thoreau, Le Corbusier y la cabaña sostenible*, trad. de Susana Landrove Barcelona, Gustavo Gili, 2019, p. 48.

zonte, llegué a Roquebrune-Cap-Martin. Me gusta imaginar a Le Corbusier con sus gafas redondas y su gesto serio, ya entrado en los sesenta, leyendo en el vagón, en un asiento cercano al mío, camino de su casita de verano desde París, porque la vía y la línea siguen siendo las mismas desde hace más de medio siglo.

En cuanto me bajé del convoy, cogí mi cuaderno y empecé a escribir. No sé si es porque, de repente, la inspiración del arquitecto llegó a mí, o porque la brisa marítima estaba en su apogeo en ese momento. Pero allí, a las nueve y media de la mañana, donde apenas se oye un ruido salvo las olas y el tren cada veinte minutos aproximadamente, se respira diferente, se siente diferente y se habla diferente. Todo parece ir a otro ritmo, y con un *pain au chocolat* en una mano y mi bolígrafo en la otra sentí que me encontraba en el momento preciso y en el lugar adecuado. Un par de palomas despistadas intentando apropiarse de mi desayuno me devolvieron a la realidad después de unos minutos. Me gusta atesorar esa suerte de momentos en que parece que la vida va más despacio, sacudiéndose el ajetreo, y aquellos instantes me ayudaron a entender por qué el arquitecto suizo se enamoró de aquel lugar. Aún se respiraba estío. El calor se negaba a morir o, mejor dicho, a hibernar hasta el año siguiente. Para llegar a la cabañita hay un precioso paseo de un cuarto de hora por un sendero junto al acantilado desde el que se oye nítido el sonido de las olas. Recuerda un poco a esos paisajes de la Costa Brava, donde el tren de cercanías te deja casi al borde del mar para que no te cueste lo más mínimo bajar a la cala que se haya puesto de moda esa temporada. Puede parecer poca cosa, comparada con el resto de la obra del artista, pero Le Cabanon es Patrimonio Mundial de la Unesco desde 2016 y eso ya la sitúa en el Olimpo de la arquitectura, como mínimo. Al menos en el mío.

La historia de Le Cabanon es una historia de venganza, celos y cotilleos que comenzó en el mundillo *influencer* del arte de los años cincuenta. Aún hoy es capaz de despertar un tremendo interés a quien la escucha. Cuenta la hemeroteca (y el propio Le Corbusier) que el 30 de diciembre de 1951, el arquitecto le regaló a su esposa, Yvonne, por su cumpleaños, el boceto de una cabaña. «Dibujé, para regalárselo a mi mujer, los planos de un pequeño *cabanon*, que al año siguiente construí sobre un acantilado batido por las olas».[2] Los planos los hizo en tan solo cuarenta y cinco minutos. No sorprende a nadie: a sus sesenta y cuatro años ya era todo un referente mundial de la arquitectura.

Permíteme remontarme un poco más atrás en el tiempo, porque esta anécdota en realidad empieza en 1929 y con otra casa, una sin la que Le Cabanon nunca habría sido posible. Por aquel entonces la diseñadora irlandesa Eileen Gray era pareja del arquitecto rumano Jean Badovici; ambos tuvieron una historia de amor tórrida, compleja e intensa. Ella era diseñadora de mobiliario, arquitecta y pionera del denominado estilo internacional; a él se lo conocía como arquitecto, escritor y también una de las figuras esenciales del movimiento moderno. Badovici tenía una parcela cerca de la playa en la Costa Azul y Eileen decidió diseñarle una casa y regalársela como prueba de amor. Ay, el amor. Inspirada por las líneas de la Bauhaus, de la que era fiel discípula, la obra de Mondrian y, por supuesto, Le Corbusier, nació la Villa E-1027, una vivienda que cumplía a la perfección el canon de arquitectura de nuestro cuervo suizo y que no tardó en convertirse en uno de los símbolos de la arquitectura racionalista.

2. *Ibid.*, p. 47.

Badovici y Le Corbusier eran buenos amigos y, cuando finalizó la obra de la casa, el maestro y su mujer fueron de los primeros invitados a pasar unos días de verano en aquel remanso de paz junto al Mediterráneo. Cuando llegó, Le Corbusier se quedó sorprendido por lo magnífica que era la obra y ese fue el comienzo de una obsesión que duraría hasta su muerte, porque era una casa que, en el fondo, le habría gustado diseñar. Sin embargo, se le había adelantado nada más y nada menos que una mujer (qué osadía, ¿no?), que había clavado a la perfección su mandato divino de la construcción. La fijación de Le Corbusier por la E-1027 rozó límites demenciales. Incluso llegó a hacer una oferta para comprarla, cosa a la que Jean y Eileen se negaron. Cabe decir que a ella nunca le cayó demasiado bien el arquitecto suizo por sus formas y su carácter, y no quería que se interpusiera en la que iba a ser, seguramente, la obra de su vida. Es probable que yo también me hubiera empecinado en hacerla mía.

Las vistas son espectaculares: Mónaco se alza majestuosa en el horizonte, con sus rascacielos y sus barcos de lujo, el mar se mece en la orilla como si fuera un decorado de *El desprecio*, de Godard, y no resultaría extraño que una escultural Brigitte Bardot apareciese en escena, paseando despreocupada por la playa de guijarros. En 1932, Badovici, recién separado de Gray, volvió a invitar al arquitecto y su esposa a pasar unos días para que le hicieran compañía en aquel momento de desamor. Con Eileen fuera de la ecuación, Le Corbusier vio la oportunidad de aportar algo a la que siempre quiso que fuera su segunda residencia y decidió marcar el terreno. Por supuesto, se desató el caos: el arquitecto pintó en el interior y el exterior de la casa siete murales llenos de color, con figuras desnudas y de carácter erótico, inspirados en Picasso y Delacroix. La leyenda dice que

116

cuando Gray se enteró, entró en cólera y lo acusó de vandalismo y de haber ultrajado su obra. Pero la cosa no acaba aquí. Para rizar más el rizo de este insulto artístico, tiempo después Le Corbusier le exigió a Badovici dinero por los frescos. En ese punto, el rumano se puso firme: se negó a pagar ni un céntimo y le prohibió volver a visitar su casa de la playa. Supongo que tanto tú como yo nos habríamos ido de allí con algo de resignación y aceptaríamos la condena. Pero no Charles-Édouard Jeanneret-Gris, que sin aceptar una negativa por respuesta, tramó la venganza de las venganzas: Le Cabanon.

En este momento álgido del drama entra en escena un nuevo personaje, Thomas Rebutato, dueño del merendero que había justo encima de la E-1027. Le Corbusier empezó a frecuentar el restaurante y pronto entabló amistad con él. Después de un tiempo prudencial, le propuso construir varias casitas de vacaciones para ampliar el negocio a cambio de un trozo de terreno para él. Por supuesto, Rebutato no se lo pensó, ¡quién se iba a negar a que el maestro de maestros diseñara algo para él! En ese instante Le Corbusier cogió una servilleta y dibujó para su mujer lo que sería su *cabanon* junto al mar. Hay que decir que a Yvonne nunca le hizo mucha gracia ese regalo porque conocía perfectamente la intención de su marido, que no era otra que no perder de vista *su* casa y tener una torre desde donde vigilarla. Algunos expertos afirman que no fue un boceto inocente y que se inspiró en los refugios alpinos para la Segunda Guerra Mundial diseñados por su discípula Charlotte Perriand, una de las arquitectas más brillantes y silenciadas de su generación y a la que el propio Corbu había rechazado en un principio en su estudio diciéndole que allí «no se bordaban cojines». Pero su talento y su ojo para las vanguardias la hicieron imprescindible en su firma; casualidad y costuras aparte, Perriand se convertiría en la mujer en la sombra detrás de algunas de las piezas más famosas del maestro, como su icónica *chaise longue* de la que años después se ha reconocido la autoría de la arquitecta.

Le Cabanon es de madera de castaño y roble; la fabricaron íntegramente en Córcega y desde allí la enviaron por barco a su destino, Roquebrune-Cap-Martin. Todo parece encajar en esta historia de envidia y egos porque la cabaña llegó a su emplazamiento final de madrugada —con nocturnidad y alevosía, podría afirmar, cuando apenas había jaleo o tráfico—. Sus dimensiones son de 3,66×3,66 metros, una medida que puede parecer extraña pero que tiene sentido dentro del universo lecorbusiano, ya que es un homenaje al estándar de su famoso sistema Modulor (por el cual la altura de un ser humano con la mano alzada era la unidad mínima de longitud para hacer un espacio habitable). Bastan tan solo cinco o seis pasos para recorrerla entera de lado a lado. Al abrir la puerta hay un estrecho pasillo que solo mide setenta centímetros de ancho y que sirve de antesala. La estancia es abierta, de planta cuadrada y con todos los muebles anclados a la pared para dejar el centro vacío, que era donde Le Corbusier ponía un colchón para dormir cada noche. Hizo también una puerta secreta que lo conectaba con el restaurante de Rebutato, para entrar sin que lo vieran los clientes y comer cuando tuviera hambre. Para más inri, el váter estaba descubierto y junto al cabecero de la cama, un detalle que sacaba a Yvonne de sus casillas. A ver, personalmente no me gustaría dormir cerca de ese tipo de trono, pero Le Corbusier era algo particular.

La ubicación de la cabaña, tal y como me imaginaba, es perfecta para observar la casa de Badovici y Gray, incluso las ventanas y las contraventanas —con espejos para reflejar— se idearon a fin de ejercer de cuadros vivientes y observatorios discretos de la vida dentro de la villa racionalista. ¿Mi parte favorita? La ducha al aire libre. Le Corbusier fue listo y supo sacarle partido a ese paisaje hasta el más mínimo detalle; paseaba desnudo por la finca (el nudismo era una de sus aficiones favoritas) y luego se duchaba al atardecer mientras disfrutaba de las vistas. Quién no lo haría, teniendo su posición. Aunque he leído mucho sobre Le Cabanon, confieso que en vivo y en directo impresiona y no puedes dejar de pensar en que pisas sobre los pasos que por ese jardín diera el célebre arquitecto, en que la madera o las ventanas que abres ya las había abierto él y en cómo, durante varios veranos, su vista panorámica le resultaba perfecta, porque podía espiar sin ser visto y disfrutar a la vez del descanso junto al mar.

Resulta sorprendente que hasta su muerte estuviera anclado y obsesionado con ese trozo de acantilado. En 1952, al poco de terminar el refugio de madera, le escribió una carta a su buen amigo el fotógrafo Brassaï. En ella le confesaba que estaba tan orgulloso de su cabaña que no le importaría morir nadando hacia el sol. Y vaya profecía, ya que unos años después, el 27 de agosto de 1965, el arquitecto salió a nadar a la playa de Buse, en contra de las indicaciones de su médico, y se ahogó. Unos pescadores encontraron su cuerpo junto a la orilla. Por cierto, el punto exacto del hallazgo se ve desde el camino que lleva a la cabaña y a la villa. Sentí un escalofrío al mirarlo desde la distancia y pensar en lo que pasó allí. Incluso hice una foto que guardo celosamente en mi teléfono y que no he vuelto a ver, supongo que por respeto al lugar y al personaje.

Pero no solo a Le Corbusier le atrajo la fantasía de levantar una cabaña. Por sus singularidades, este tipo de edificación ha fascinado a infinidad de arquitectos desde hace siglos: volver a las raíces, a lo básico, a esa construcción más primitiva y a la

Le Cabanon de Le Corbusier, en la Costa Azul francesa.

mínima expresión habitable. ¿Puedes diseñar un museo moderno en el extranjero? ¿Y enormes rascacielos? ¿Puedes ganar un Pritzker? Por supuesto, pero el reto y la creatividad que supone dibujar una pequeña casa de diez metros cuadrados en contacto con la naturaleza es especial. Una cabaña es una puerta hacia lo desconocido, es el espacio físico (o no) al cual ir para desconectar y pasar un tiempo en armonía con la naturaleza.

Vivimos en la era de los edificios de pisos con pequeñas ventanas y (con suerte) vistas al asfalto. Para los arquitectos, la idea de una cabaña también es una vía de escape de la realidad y de la ciudad, porque a su alrededor nada está controlado. El bosque determina cómo y dónde se habita. Recuerdo cuando mis padres volvieron de unas vacaciones en China y, al enseñarme las fotos de un suburbio a las afueras de Pekín, yo no era capaz de ver más que bloques y bloques de viviendas, apretujadas como colmenas a punto de estallar, mientras mi padre calculaba mentalmente —como buen aparejador— cuántas personas podían vivir ahí dentro. «Más de mil en cada uno», repetía una y otra vez. Por un instante me sentí espantada ante la ausencia de árboles, de espacios donde escuchar el silencio, de la masificación vertical, de personas que vivían su vida aglomeradas en la periferia de una metrópolis. Me abruma pensar que estamos abocados a ese futuro tan gris que aparece en *Matrix*, lleno de rascacielos y cielos grises, sin una rama con hojas verdes en la calle.

Hace algún tiempo conversaba con unos amigos arquitectos, Natalia y Patxi, que construyeron una cabaña en Hungría, sobre lo mucho que habían disfrutado explorando en un espacio tan pequeño las diferentes formas de relacionarte con el entorno, fuera de la ciudad y de la urbe desmedida; en su opinión eso era lo más interesante del proyecto, ya que suponía un reto importante ajustar tantos tipos de vida diferentes dentro de un mismo lugar. Como arquitecto, la cabaña es lo que te hace salir de la burbuja y romper el espacio de confort, reinventando la manera de construir en cada refugio. Me hablaron con entusiasmo de Muuratsalo, un experimento en forma de residencia de verano del arquitecto Alvar Aalto en la isla finlandesa homónima. Construyó aquella casa tras el fallecimiento de su primera mujer y supuso su reconciliación con la arquitectura en general, así como su relación con la naturaleza en particular. Quería que el paisaje formara parte de la vivienda y rompiera por completo todas las reglas de habitabilidad, poniendo a prueba las formas y los materiales, centrándose en la idea de crear el lugar perfecto para dormir entre los árboles, aunque no fuera del todo literal. Y lo consiguió alzando una casa de veraneo con un patio central en el que parecen meterse los pinos y abedules que la rodean y donde se respira silencio, como si su ambición pasase por convertirse en un Walden moderno en los bosques finlandeses.

El vínculo de la cabaña y la arquitectura es algo que viene de lejos, y este es un momento tan perfecto como cualquier otro para abrir un pequeño melón que lleva siendo objeto de debate entre teóricos y arquitectos desde 1851, cuando el alemán Gottfried Semper publicó *Los cuatro elementos de la arquitectura*, echando por tierra la definición de Vitruvio y la de Laugier de la *cabaña*. ¿Es la cabaña arquitectura? ¿O es simplemente un elemento con el que jugar y experimentar? ¿Cómo se pasa a considerar una cosa u otra? Le Corbusier, con su *cabanon*, no desmereció en ningún momento el proceso arquitectónico o su carrera como tal. Al contrario, bajó de su pedestal a tierra firme y creó un refugio mínimo, básico, en equilibrio con lo más natural y lo más primitivo del ser humano, y eso es algo que me alucina y que solo es posible si conoces bien las reglas del oficio; por tanto, yo diría que cabaña y arquitectura están intrínsecamente unidas. Es una discusión interesante y compleja, tal vez demasiado para este breve libro de amor a las cabañas, pero me parece preciso recalcarla para entender que no todos los arquitectos consideran las cabañas como parte de la arquitectura o precursoras de la misma, sino más bien pequeños juegos de aprendizaje y experimentación en los que dejarse llevar.

Hablando sobre este tema con la arquitecta Pilar Cano-Lasso, cofundadora del estudio delavegacanolasso y experta en arquitectura cabañil, me decía que cualquier espacio pensado para habitar es arquitectura, con independencia de su tamaño. Si bien es cierto que es más sencillo idear un proyecto de treinta metros cuadrados que una vivienda de trescientos, una cabaña te obliga a agudizar el ingenio para aprovechar al máximo el volumen. Seguramente, lo que más atrae de este tipo de construcción a los profesionales es que lo esencial para vivir se convierte en el motor del pensamiento a la hora de diseñar; hay que despojarse de lo prescindible, cambiando las reglas de lo establecido por la norma y siendo más ingenioso. Al fin y al cabo, una cabaña tiene las mismas exigencias habitacionales que una casa y es importante mantener viva esa reflexión sobre el espacio que una persona necesita de verdad para vivir. ¿Es menos confortable el refugio de Le Corbusier que la casa E-1027? Por supuesto que no, se adapta a la perfección a las necesidades de cada persona y demuestra que en un espacio reducido se puede vivir cómodo.

Lo que sí está claro, más allá de la polémica, es que como construcción la cabaña es atractiva, es ese sueño de infancia que uno ansía desarrollar en la edad adulta después de haber experimentado con todo tipo de edificios. En este sentido, el lúdico, hubo una persona que supo sacar partido a la relación entre la edificación y lo divertido. Julio Lafuente fue un arquitecto español con una vida y una carrera fascinantes, dignas de película y del que, en realidad, se conoce muy poco. Dicen las crónicas que, cuando terminó la carrera de Bellas Artes en París, cogió una moto y se plantó en Roma para ver el Panteón, ya que admiraba mucho la arquitectura antigua de la ciudad del Tíber. Se tumbó unos instantes en el suelo del monumento, miró al cielo, y decidió que se quedaría el resto de su vida en Italia. Así lo hizo.

Un día, a este arquitecto de ideas utópicas y proyectos brutalistas se le ocurrió, junto a su amigo e ingeniero Gaetano Rebecchini, jugar con la construcción y diseñar una cabaña en la playa de Capocotta, cerca de la capital italiana. En palabras de la investigadora Marta Pastor, la mayor conocedora de su trayectoria, fue una de sus obras más radicales, a pesar del tamaño y la modestia de los materiales utilizados. A través de unos bocetos muy básicos, en 1964 ideó una cabaña triangular situada en el corazón de una reserva natural de la costa. Esta casita de madera y paja desarma por completo la idea de complejidad arquitectónica, de los planos y los edificios encorsetados. Se nota que, quien la hizo, pensó en divertirse como un niño.

Contrario a lo que pueda parecer, la edificación no se halla ausente de referencias, ya que tiene raíces racionalistas: la forma de triángulo tan angulada transforma por completo la representación que solemos tener en la cabeza de lo que es una cabaña tradicional, con sus cuatro paredes, su tejado y su chimenea a un lado, acercándola a lo más simple —tres lados— y convirtiéndola en un objeto moderno y, por qué no, tan utópico como Lafuente. Lo que más llama la atención de esta

124

El experimento lúdico en Capocotta de Julio Lafuente.

casita de verano es la colocación de las camas-litera, en escalera, con unas ventanitas a los pies de cada colchón que permitían a los niños entretenerse y juguetear en conexión con el exterior y, a la vez, aprovechar al máximo el espacio (una de las obsesiones del mundo cabañil). Este arquetipo parece sencillo, pero es el ejemplo perfecto de cómo se puede explorar el límite de un espacio y su relación con el bosque desde un punto de vista jovial.

Uno de los escenarios de cine que guardo entre mis favoritos es el apartamento del cazarrecompensas Rick Deckard, el personaje que interpretaba Harrison Ford en *Blade Runner*; futurista y algo apocalíptico, vale, pero con una atmósfera que recuerda a una cabaña —o incluso a una cueva— en plena noche, con libros acumulados, un piano de cola y poca luz. La localización real donde se filmó, la Casa Ennis, tiene un pedigrí arquitectónico que quita el hipo y es considerada como una de las diez mejores residencias de la historia. Fue construida ni más ni menos que por Frank Lloyd Wright, pionero de la arquitectura orgánica, coetáneo de Le Corbusier y considerado, junto a este y Mies van der Rohe, uno de los padres de la arquitectura moderna.

Wright era un amante de la naturaleza, había crecido en un entorno rural en el Estados Unidos de finales del siglo XIX y creía firmemente que el diseño debía estar en equilibrio y armonía con el entorno; esa idea lo elevaba a otro nivel, sobre todo teniendo en cuenta que nunca estudió arquitectura y su formación fue autodidacta. Este principio lo aplicó a los más de quinientos proyectos que firmó. Quizá uno de sus legados más interesantes no fueron esas casas de bloques de ladrillo ni la impresionante y archiconocida Casa de la Cascada, sino los hogares usonianos, un término que él mismo inventó. Eran residencias familiares a modo de cabañas en el bosque —de ladrillo y madera— en Usonia, a una hora al norte de la Gran Manzana. Eran asequibles y estaban preparadas para la época moderna, pensadas para celebrar el paisaje y la vida al aire libre. La Usonian House fue uno de los sueños de Wright para democratizar el acceso a la vivienda a finales de los años treinta; quería instaurar una utopía antiurbana en la que la arboleda y el entorno fueran los verdaderos protagonistas. Wright diseñó tres casas de las casi sesenta que forman el barrio de Usonia. Pero la que más me gusta, con la que más sueño despierta cada día, es el refugio de Sol y Bertha Friedman (también conocida como Toyhill), que fue la primera que proyectó y sirvió como pieza clave de su proyecto. Es el *mix* perfecto entre una *treehouse* y el museo Guggenheim de Nueva York (también obra suya). De planta circular, está rodeada por los imponentes árboles del bosque neoyorquino, y en su interior se tiene la sensación de habitar en una casa en el árbol, desde la que se observa el horizonte verde con una perspectiva privilegiada.

Se empezó a construir en 1949 y se terminó en 1950. El presupuesto de la familia Friedman era de treinta mil dólares, pero al final los gastos se elevaron a unos ochenta mil. Wright visitó la casa varias veces durante su construcción y hay fotografías e incluso un vídeo casero de él *in situ*, con su inconfundible sombrero, que no se puede ver porque está guardado en los archivos familiares. Levantada en lo alto de una colina rocosa, está hecha de piedra, hormigón, roble y cristal, todo ello de procedencia local. La piedra es un elemento importante, ya que no solo rodea la fachada, sino que forma parte de la estructura, de las ventanas y de la chimenea. Incluso el carpintero trazó cuidadosamente los marcos y las repisas de madera para que encajaran a la perfección con la forma natural de la roca.

Como curiosidad, te diré que las ventanas están colocadas más altas de lo habitual en un edificio: el arquitecto quería que la mirada fuera hacia arriba, hacia el exterior y los árboles, creando esa conexión orgánica. Lo que más llama la atención es el garaje, abierto, inspirado en una seta que crece majestuosa desde el suelo del terreno; la fachada de piedra y hormigón se mimetiza con el bosque, sin llamar la atención. Aunque cuenta con cuatro dormitorios, no es de grandes dimensiones, ya que las habitaciones tienen forma de triángulo y son reducidas, lo que fomenta aún más ese pensamiento recurrente de refugio en el bosque. El centro de la casa es un gran volumen abierto y conectado al exterior al que el arquitecto denominaba «espacio vital», ya que era donde quería que sus habitantes pasaran el tiempo de ocio. Esta cabaña semiurbana es la mejor representación de esa percepción orgánica de la vida doméstica del ser humano en consonancia con la naturaleza.

Y resulta, por esas coincidencias de la vida, que mi amiga Irene y su marido se refugian allí mismo cuando quieren escapar del bullicio de Nueva York. Ella me cuenta que es un placer vivir en una casa con tanta historia: «Resulta inspirador experimentar una obra tan singular de Wright; como hogar, en cada rincón se pueden encontrar detalles ocultos y pequeños tesoros hechos a mano». Incluso han tenido la oportunidad de conocer a miembros de la familia Friedman que crecieron allí y que, cuando van de visita, cuentan historias conmovedoras sobre sus recuerdos. «En toda la casa tienes la sensación de estar en el exterior, en una casa en el árbol, aunque estés en el interior». Un sueño cabañil hecho realidad.

Esta idea de armonía y equilibrio con los elementos de Wright también está muy presente en Asia Oriental, concretamente en Japón, y en el movimiento arquitectónico del meta-

La Usonian House Sol Friedman, de Frank Lloyd Wright.

bolismo, que surgió en los años sesenta y llevó al extremo la necesidad de resolver el problema de la masificación de las ciudades desde un punto de vista orgánico.

Antes de entrar en materia, me veo en la necesidad de recordar que el 12 de abril de 2022 fue un día negro para el mundo de la arquitectura y de la historia nipona. Esa fue la fecha en que se comenzó a desmantelar la torre Nakagin, la torre cápsula de Tokio, principal símbolo del movimiento metabolista, construida y diseñada por Kishō Kurokawa cuarenta años antes. Siento una extraña envidia de todas las personas que llegaron a verla y cierta sensación de nostalgia por algo que nunca he visitado pero que está entre mis recuerdos. Es una pena que sufriera años de abandono. Cada una de sus ciento cuarenta pequeñas cápsulas eran cabañas futuristas dentro de la megalópolis que se asomaban a un bosque de rascacielos; toda una experiencia. Se han conservado veintitrés de ellas, repartidas por el mundo entre museos y coleccionistas. Recuerdo que durante aquellas primeras semanas de primavera había un canal de YouTube que retransmitía en directo su demolición, que iba pasando a cámara lenta por mi retina, y se podía ver cómo poco a poco los técnicos iban cubriéndola, como cuando se baja el telón al terminar una obra de teatro hasta que el escenario desaparece por completo. Si miras ahora en Google Maps verás el solar vacío y desolador, a la espera de que sus nuevos dueños erijan un rascacielos más en esa jungla urbana llamada Tokio.

Hablar de Kurokawa, inevitablemente, me lleva a pensar en el estilo metabolista y en cómo los edificios pueden adaptarse al tiempo, evolucionando y cambiando de piel como si fueran una serpiente. La torre cápsula fue un gran ejemplo de este tipo de arquitectura casi extinta. El japonés se inspiró en ella para diseñar, como no podía ser de otra forma, su propia

Kishō Kurokawa y su refugio metabolista en Nagano.

cabaña, la Capsule House K, que durante mucho tiempo fue su residencia y estudio. Levantada a principios de los años setenta en los idílicos bosques de Nagano, está formada por cuatro módulos que imitaban sus archiconocidas cápsulas, y todos juntos arman una cabaña que parece suspendida en un árbol y que se «agarra» a ellos, integrándose en el paisaje de una manera sorprendente y lógica. Recoge mucho de esa ilusión infantil de la casita entre las ramas, pero también rinde homenaje a la herencia japonesa con un salón de té al más puro estilo tradicional. Al igual que pasó con la torre Nakagin, la cabaña-cápsula de Kurokawa estuvo abandonada durante décadas, pero esta historia sí tiene un final moderadamente feliz: tras una campaña de *crowdfunding* se consiguieron los fondos necesarios para restaurarla en 2019. Ese año entró a formar parte de la moda de los Airbnb de lujo que te piden un sueldo mileurista por dormir en ella una sola noche. Un sueño para muchos pero, como siempre, casi inaccesible. Yo me contento con que siga admirando su bosque desde las alturas algunos años más.

Es evidente que la idea de experimentación y juego con la arquitectura más primitiva está presente en todos estos proyectos. Pero hay que añadir que todos tienen un nexo común: la fantasía de abaratar el coste de la vivienda pensando en un futuro superpoblado en el que el acceso a un techo será cada vez más complicado. Este sueño utópico también marcó la obra de un arquitecto finlandés que en los años setenta quiso que viviéramos en una especie de cabaña-ovni.

Permíteme hablarte de la Futuro House, una especie de *UFO-cabin* diseñada en 1968 por Matti Suuronen con la noble idea de ofrecer viviendas a precios asequibles. He ahí la clave de este patrón invisible: muchos arquitectos a lo largo del siglo xx imaginaron cabañitas y *tiny houses* para reducir el coste residencial, pero con un presupuesto casi prohibitivo en la práctica, ya que, en la mayoría de las ocasiones, eran complicadas de fabricar o los materiales utilizados eran demasiado innovadores, de modo que se caía en una curiosa paradoja que no conseguía resolver el problema: prácticas, sí, pero disponibles para unos pocos afortunados. La Futuro House se comercializó como una pequeña casa prefabricada, montada y adaptable a cualquier terreno, pensada sobre todo para la vida en el campo, al aire libre, con vocación de alimentar urbanizaciones en miniatura donde disfrutar de la independencia y de las vistas. Podría decirse que, por sus materiales, era la antítesis de la cabaña tradicional porque no es de madera, pero fue innovadora en su tiempo, ya que estaba construida con fibra de vidrio, un material del que Suuronen fue pionero y que disminuía el peso a la hora del transporte. Cada cabaña-ovni tenía una superficie de cincuenta metros cuadrados y contaba con todas las instalaciones básicas: baño, sala de estar, cocina y dormitorio, todo un lujo retrofuturista.

Los primeros prototipos se fabricaron en Finlandia: el primer modelo, Futuro n.° 000, era de color azul claro, un refugio de montaña para un fin de semana de esquí; la 001, en amarillo, fue la primera residencia de vacaciones. A partir de ahí, se comercializó. Aunque Suuronen creía que serían una solución a los problemas de vivienda en los años venideros, las Futuro House no tuvieron mucho éxito y tan solo se despacharon un centenar en todo el mundo. En 1973 dejaron de fabricarse, ya que la crisis del petróleo las convirtió en un producto prohibitivo (por los materiales). Y fue así como se convirtieron en un icono. En la actualidad se conservan sesenta de ellas en pie, algunas privadas, otras abandonadas y otras más en museos, repartidas entre Europa, Australia y Estados Unidos.

133

Futuro House, de Matti Suuronen, de la que solo
se construyeron un centenar.

El archivo digital Futuro House es una base de datos espectacular, llena de detalles de todas y cada una de ellas, con un mapamundi que muestra dónde están ubicadas para que puedas organizar tu particular excursión en busca de ovnis (o FANIS, como los llaman ahora) muy terrestres. Aunque no fueron el futuro de la arquitectura ni la solución a la falta de espacio, su influencia ha permanecido en el tiempo, inspirando a artistas y arquitectos de todo el mundo en su exploración por una vivienda más accesible, y forman parte de la cultura pop y de la historia reciente. Voy a hacerte una confesión: creo en la vida extraterrestre. Me niego a pensar que estamos solos en el universo, y creo que por eso me fascinan tanto estas cabañas-ovni.

En esta larga carrera de exploración de los arquitectos con nuevas formas constructivas para economizar procesos y mantener el equilibrio con la naturaleza, la sostenibilidad siempre está en el punto de partida. Eso responde sobre todo a la necesidad de cambiar nuestros hábitos debido a la crisis climática, pero también a que volvemos a darle la importancia que se merece a la relación del ser humano con el entorno, redefiniendo patrones que desde la prehistoria están presentes en la construcción, como el refugio y la protección, haciendo que la disciplina, en la actualidad, esté más comprometida con un menor impacto ambiental. Aunque la palabra «sostenibilidad» hoy inunde artículos y estudios, durante la Primera Guerra Mundial hubo una persona para la que ya era importante. Pocos entendían a qué se refería. Ralph Erskine, un arquitecto inglés afincado en Suecia, fue el pionero que sentó las bases de lo que hoy conocemos como casas pasivas, ecológicas y autosuficientes. Con treinta años recién cumplidos, se mudó a Lissma, una pequeña zona rural a las afueras de Estocolmo sin ningún núcleo urbano próximo. Aquel pequeño paraíso rodeado de lagos no fue una elección baladí: nuestro héroe estaba muy influenciado por la obra de Thoreau y su desconexión de la sociedad.

La cabaña Lådan («la caja» en castellano) es una suerte de Le Cabanon escandinavo, pero sin el drama lecorbusiano a sus espaldas: un refugio sencillo, pensado desde el espacio mínimo habitable y en las antípodas de todo lo que se construía en aquel momento, más recargado y a lo grande. Como buen aventurero que era, Erskine se lanzó a edificar la cabaña con sus propias manos y la ayuda de su mujer, Ruth, en pleno invierno de 1941. La obra se prolongó hasta el verano del año siguiente y no se interrumpió en los meses invernales gracias a un caballo y un trineo que les prestó un granjero vecino para transportar el material —casi todo recuperado de obras abandonadas—. La comparación con Le Cabanon no es fortuita: en el interior también seguía la misma filosofía. Aunque su superficie era de cerca de veinte metros cuadrados, el espacio era diáfano. Erskine ideó un original sistema de poleas con el que elevaba la cama para convertirla en un sofá, aprovechando al máximo las reducidas dimensiones del refugio. Esta idea, por cierto, fue trasladada al cine, en *Un americano en París*, donde Gene Kelly tenía una cama elevable en su pequeño apartamento. Lo más interesante de la cabaña y de la vida de ellos allí era su autosuficiencia. Carecía de baños o de agua corriente, aunque había un pozo cercano del que recogían agua fresca. Cultivaban un huerto y la tienda más próxima estaba a más de tres kilómetros, también apartada de la ciudad. Se podía ir andando en verano o esquiando en invierno. Erskine entendió el bosque, se adaptó a él sin dañarlo y disfrutó del proceso.

Lådan, el refugio pasivo de Ralph Erskine.

Lådan fue abandonada a los pocos años, cuando Erskine se mudó definitivamente a la ciudad debido al ingente volumen de trabajo que tenía. Con el tiempo, se deterioró hasta casi desaparecer, aunque en la actualidad se puede ver una réplica cerca del último estudio del arquitecto. Su compromiso con el planeta, con un modo de vida equilibrado con el entorno basado en el autoabastecimiento, ha inspirado a muchos potenciales discípulos, que se alejan de las metrópolis y piensan las edificaciones de manera más responsable.

¿Qué es lo que atrae de las cabañas a los arquitectos? Desde la idea de experimentación y juego hasta la solución de los principales problemas de la vivienda, creo que ven en ellas el eje para empezar a construir un mañana mejor para las generaciones siguientes. Con independencia de si estas construcciones se consideran o no arquitectura, lo que afirmaba Semper, o si son la esencia primigenia de la disciplina. Y como defendían Vitruvio y Laugier, nos encontramos con un camino que no ha terminado de explorarse. Está aún lleno de posibilidades, según lo han demostrado desde Le Corbusier hasta Julio Lafuente, y muchos arquitectos desconocidos que siguen pensando en la máxima habitabilidad en el mínimo espacio.

Las cabañas, las *tiny houses*, las microcasas, son la prueba fehaciente de que nuestra necesidad de reconectar con el entorno natural ha traspasado las fronteras del tiempo y la evolución. Las cabañas ponen a la naturaleza en el centro. O, más bien, se ponen en el centro de la naturaleza. Y eso es un reto, sobre todo en un mundo industrializado y superpoblado en el que es obligatorio reducir la huella de carbono y fomentar una vida en mayor sintonía con lo que nos rodea.

Las cabañas también son refugio para la libertad creativa de los arquitectos y para su propia reflexión sobre el futuro de las ciudades. Les permiten reivindicar una manera de vivir más esencial, incluso diría que más emocional. Además, el auge de la construcción sostenible ha hecho que estos habitáculos adquieran un nuevo significado. Debido al uso de materiales innovadores, las tecnologías ecológicas y la búsqueda de la autosuficiencia muchos proyectos son una especie de laboratorio de experimentación para el futuro.

Vacaciones a la americana

~

Historia de las cabañas en A, el clásico cabañil

Es cierto que todos merecemos una porción de cielo por encima de nuestras vidas, de otro modo la existencia no es más que asfalto y gotelé.

BEATRIZ SERRANO, *El descontento*

A estas alturas de la historia, creo que ya tengo contigo la suficiente confianza como para revelarte un pequeño secreto: nunca le he contado a nadie cómo sería mi cabaña perfecta. Puede que ni siquiera me lo haya planteado hasta este mismo momento. Así, de repente, creo que tendría una esencia muy clásica, pero una ejecución rabiosamente contemporánea. Si hablase con un arquitecto para construirla (tranquilos, esa llamada está aún lejana), le diría que necesito un tejado a dos aguas, por supuesto. Es un requisito fundamental, así como la madera tanto en el interior como en el exterior. La fachada estaría forrada de lamas carbonizadas mediante la técnica japonesa del

Shou Sugi Ban o *Yakisugi* («ciprés quemado», en castellano), que le proporciona un característico e impactante tono negro. Este proceso, con más de trescientos años de historia, se realizaba en las casas rurales niponas cercanas al mar para protegerlas de la degradación producida por el salitre y las inclemencias del tiempo. Se quemaba la madera durante unos minutos y luego se apagaba con abundante agua. Es un sistema respetuoso con el medioambiente, popular en Oriente desde mucho antes de que la fiebre de la sostenibilidad lo globalizase para convertirlo en uno de los recursos más utilizados y codiciados en la arquitectura ecológica. El interior, por su parte, estaría forrado de abeto, con esa tonalidad tan cálida y hogareña. Tendría grandes ventanales, de esos que son casi del tamaño de una pared, por los que el paisaje se adentra tanto que cuesta distinguir si estás dentro del refugio o en medio del bosque.

La planta sería abierta, con una chimenea central de leña para repartir bien el calor, y una cocina pequeña con todo lo necesario, pero ubicada en un segundo plano, para que lo importante sea esa esquina de lectura con un buen sillón y una lámpara de pie. En el dormitorio, un ojo de buey en el techo permitiría ver las estrellas cada noche desde la cama; sí, soy un poco romántica, lo sé, pero ese privilegio del cielo nocturno es uno de nuestros grandes placeres abandonados, ahora que vivimos hacinados, sin freno y a *full* de contaminación lumínica en las grandes ciudades. Siempre he soñado con tener una de esas bañeras exteriores de agua caliente que tanto adoran los nórdicos y que rebosan de ese espíritu *hygge* que nos reveló el danés Meik Wiking. Y un buen porche al cual salir cuando llueve y en el que tomar una deliciosa tostada con mantequilla sentada en sus escalones y arropada con una manta. Quizá no viviría en ella todo el año: siempre he pensado que la cabaña es un lugar de desconexión para luego volver con las pilas cargadas a la rutina. Como una casa de verano a la que ir a descansar en vacaciones y los fines de semana, siempre con un pie puesto en la ciudad. Y no voy desencaminada, porque entre las siete acepciones de la palabra «cabaña» del *Diccionario de la lengua española* la cuarta resume esta idea a la perfección: «Casa pequeña de una sola planta que se suele construir en parajes destinados al descanso».

Esa idea rural y bucólica de las vacaciones sin mirar el móvil ni enviar correos electrónicos no se corresponde mucho con la realidad española, en la que la cultura de la «segunda residencia» impuso su ley capitalista ya desde los años sesenta. En esa década, según un artículo publicado en la revista *Paralelo 37º*,[1] fue cuando el Instituto Nacional de Estadística empleó por primera vez ese término para referirse a domicilios familiares de uso estacional que no son la residencia habitual. Y *voilà*, así fue como la gallina de los huevos de oro de la construcción en España empolló miles de viviendas fuera de la zona urbana, más conocidas como «la casa de la playa». El caldo de cultivo perfecto fue el momento de bonanza y desarrollo económico gracias al cual las ciudades grandes y de tamaño medio seguían creciendo y, con ellas, como en un efecto espejo, también lo hacían los pueblos, sobre todo los costeros, que triplicaban su población en los meses de julio y agosto. Yo, que he crecido en el meollo de la Costa del Sol, puedo dar fe de esto. El concepto de segunda residencia se afianzó en todo el mundo a partir de la Segunda Guerra Mundial. El Instituto Nacional de Estadística y de

---

1. Victoriano Guarnido Olmedo e Isabel María Segura Gómez, «Una aproximación al estudio de la segunda residencia (la costa granadina)», *Paralelo 37º*, n.º 13 (1989), pp. 163-166.

Estudios Económicos de Francia llegó a definir con ese término a toda construcción en municipios rurales para uso vacacional. En España, como todo, se hizo esperar hasta los sesenta. Aquellas torres de apartamentos en la costa malagueña, Torrevieja o Benidorm eran el símbolo de la nueva familia, una más moderna y pudiente que quería descansar y desconectar (aunque aún no existiese la «conexión») de la creciente hostilidad de la urbe.

Hasta bien entrado el siglo XXI fueron un símbolo de estatus tan importante para la clase obrera (esa que aspiraba a subirse al ascensor social) que hasta en el *Un, dos, tres. Responda otra vez* sorteaban pisos en la «lujosa» urbanización de Las Torretas (en la actualidad abandonada y *okupada*), en Torrevieja, donde se decía que también veraneaba la propia presentadora del concurso, Mayra Gómez Kemp. El colofón fue Marina d'Or, Ciudad de Vacaciones, cerca de Oropesa del Mar, del que seguro que te acuerdas. Una *ciudad de vacaciones* en la que el tiempo libre es el verdadero protagonista. Hay piscinas, campos de golf, sobremesas interminables… y ninguna preocupación aparente. Solo faltan los pajaritos para darte las buenas noches, como a Cenicienta. Que el proyecto, insostenible y masificado, fuera una agresión continua al entorno natural forma parte de otra historia. Pero en esa cultura de la segunda residencia asociada a las vacaciones también podemos alejarnos del ruido y de la «tranquilidad» de convivir con cientos de familias más durante nuestras vacaciones. Porque bajo su paraguas se alzó una de las tendencias más importantes de la arquitectura rural del siglo XX: las cabañas en forma de A, o *A-frame cabins*. Son la joya de la corona del mundo cabañil y a la vez el tesoro oculto del movimiento moderno, que eclosionó en Estados Unidos a mediados del siglo pasado y lideraron arquitectos tan icónicos como Le Corbusier, Mies van der Rohe o Philip Johnson.

Los cincuenta y los sesenta supusieron un cambio radical en la forma en que los estadounidenses percibían el mundo. La Segunda Guerra Mundial había dejado a la nación ávida de una vida mejor, ansiosa por cumplir el *sueño americano*. Desde el movimiento por los derechos civiles hasta el comienzo de la carrera espacial, el país era un torbellino de transformación social y tecnológica. El desastre nuclear y la escalada del comunismo eran miedos palpables en la vida diaria de sus habitantes, pero los sobrellevaban con el rock and roll y la revolución sexual. En medio de toda esa maraña emergió una nueva clase media con sueños y aspiraciones diferentes a los de las generaciones anteriores. Buscaban algo más que estabilidad económica, querían disfrutar de la vida, y el ocio se convirtió en una de las características más valoradas por la ciudadanía, sedienta de esa necesidad de tiempo libre y actividades recreativas. Con mejores sueldos, las familias buscaron formas de invertir en su bienestar, lo que se tradujo en la adquisición de segundas residencias o casas de vacaciones, en lo que parecía una inversión tan segura como atractiva. En lugar de una *ciudad de vacaciones*, los estadounidenses propiciaron el *boom* de las *A-frames* como símbolo de un nuevo estatus y estilo de vida. Su forma triangular, de líneas limpias y techo inclinado, ofrecía una estética moderna que contrastaba con las estructuras tradicionales de la arquitectura residencial.

¿Por qué algo tan simple logró alcanzar el estatus de icono? La respuesta es sencilla. Precisamente esa simplicidad permitía una construcción bastante fácil y económica, un detalle crucial para aquella (no tan) pujante clase media estadounidense. La clave, sin embargo, estaba en que su diseño y emplazamiento ofrecían una conexión con la naturaleza muy atractiva para quienes de verdad querían escapar de las ciudades durante temporadas.

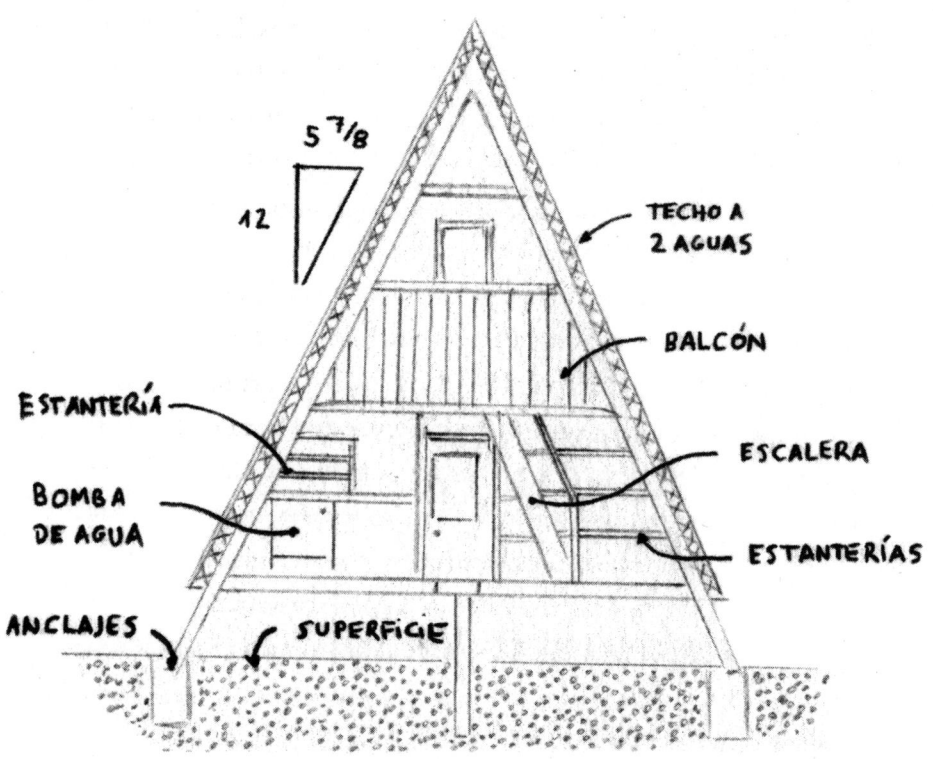

Esquema de la estructura de la cabaña en A estándar.

Esos refugios vacacionales, pensados para aprovechar al máximo el espacio y orientarse según las vistas, eran el escenario perfecto para democratizar el ocio y favorecer la movilidad social.

Su seña de identidad era la forma triangular, con un techo a dos aguas que se prolongaba hasta el suelo, lo que aumentaba la sensación de espacio en el interior. Todas eran muy parecidas, con una planta cuadrada o rectangular de entre cincuenta y noventa metros cuadrados y dos alturas. En el piso de arriba estaban los dormitorios con un enorme balcón. Abajo, en un ambiente totalmente abierto y con almacenamiento bien repartido por las paredes, la zona social y de ocio, coronada por una chimenea central y con la cocina y el salón repartidos alrededor de la superficie. La madera era el material estrella tanto en el interior como en el exterior. Hablamos de madera en genérico, pero estas cabañas estaban bocetadas para que fueran fabricadas en abeto Douglas, un árbol de crecimiento rápido —que además es la tercera conífera más alta del mundo—, muy flexible y típico de la costa californiana. Las *A-frames* no solo eran accesibles, sino también adaptables. Su diseño permitía una gran variedad de usos y ubicaciones. Desde las montañas hasta las playas, era posible construirlas prácticamente en cualquier lugar, y daba a las familias la oportunidad de un nuevo y emocionante acceso a la naturaleza.

El primer capítulo de las cabañas en A lo escribió en los años treinta un señor llamado Rudolph Schindler. A pesar de su aproximación heterodoxa al movimiento moderno estadounidense, este arquitecto, nacido en Viena y discípulo de Otto Wagner y Adolf Loos, trabajó a partir de 1914 bajo la batuta del legendario Frank Lloyd Wright, quien dejó una fuerte impronta en su aproximación a cada proyecto, especialmente en el aprecio por la integración de la arquitectura en el entorno natural. Pronto comenzó a desplegar su propio estilo, marcado por un enfoque en la funcionalidad y la simplicidad estructural, con materiales y contrastes de color. Schindler fue pionero en construir una cabaña *A-frame* y sentó las bases de un movimiento que revolucionaría el futuro. Aunque, por desgracia, hasta después de su fallecimiento no se lo honró como era debido.

En 1934, su amiga Gisela Bennati, gran aficionada al arte, le encargó el diseño de una pequeña residencia de vacaciones en el lago Arrowhead. Las normas de urbanismo de la zona exigían que todas las viviendas fueran de estilo normando (es decir, arquitectura románica, en piedra). Sin embargo, aunque las cumplió, el boceto de Schindler presentaba una casa con tejado triangular hasta el suelo. Las críticas no tardaron en llegar, y él se justificó de una manera muy original, mostrando los grabados de un desconocido paisajista europeo llamado Atkinson Fox en los que aparecían construcciones con tejados inclinados muy similares a su propuesta, y como ninguno de los miembros de la asociación de vecinos había estado en Normandía —y parece que tampoco en Europa—, no pudieron llevarle la contraria. Tuvieron que dar luz verde a su propuesta. La elección de esta forma triangular no era solo estética, sino funcional. El techo inclinado permitía que la nieve y la lluvia se deslizaran con facilidad, evitando daños en la estructura. Esa simplicidad también facilitaba (y abarataba) la construcción, un aspecto nada baladí en los años de la Gran Depresión.

La cabaña Bennati, como se conoce popularmente, se levantó con piedra local y madera contrachapada, un novedoso material que empezaba a popularizarse en el mundo industrial. Dentro, Schindler implementó una serie de ideas que cambiaban la concepción que entonces había del espacio. Para empezar, hizo la planta diáfana, eliminando paredes innecesarias —a su parecer— para crear una sensación de amplitud y conexión con la vegetación exterior. Diseñó muebles funcionales y prácticos que no solo fueran cómodos (como la cama o las sillas), sino que a la vez sirvieran a modo de almacenamiento. La innovación no se limitó al interior: la fachada estaba acristalada y orientada a las vistas para integrar el paisaje en toda la vivienda, tal y como había aprendido de Lloyd Wright y su arquitectura orgánica. Fue justo este detalle el que se convertiría, años más tarde, en una de las principales singularidades de las cabañas en forma de A. Además, la casa contaba con detalles climáticos muy interesantes, capaces de convencer hasta a la mismísima Greta Thunberg. Se orientaba de tal manera que, de forma natural, aprovechaba la luz del sol en invierno y minimizaba el calor en verano. Las ventanas se colocaron de manera estratégica para facilitar la ventilación cruzada, que permitía mantener frescas las estancias durante los meses más cálidos. Estos principios de diseño sostenible eran muy adelantados a su tiempo y son una flamante muestra de la visión progresista de Schindler.

La casa de vacaciones de Gisela Bennati no solo cumplió las expectativas de su propietaria, sino que se convirtió en un referente. Aunque su originalidad no fue reconocida de inmediato, sentó las bases para lo que más tarde sería la cultura de la segunda residencia en la Costa Oeste. Su diseño triangular fue pionero en muchos aspectos, y resonó con las tendencias emergentes de la arquitectura más moderna. A medida que la sociedad estadounidense se encaminaba a una nueva era de prosperidad, la cabaña Bennati se convirtió en un modelo que seguir, por su simplicidad y su integración con el entorno, para aquellos que buscaban escapar de las ciudades.

La casa de Gisela Bennati, diseñada por Rudolph Schindler.

Veinte años después, en 1955, Elizabeth Reese, directora de relaciones públicas de Lowey, decidió construir una segunda residencia en la playa de Fire Island, en los muy neoyorquinos Hamptons (hoy en día aún se cuentan por decenas las celebridades que marcan estatus con una vivienda en propiedad allí, desde Gwyneth Paltrow hasta Steven Spielberg), para pasar los fines de semana. A tal efecto, eligió a Andrew Geller, un arquitecto estadounidense formado con Raymond Lowey, padre del diseño industrial, que se había hecho famoso por abordar su profesión desde un enfoque lúdico. Su especialidad eran las casas de vacaciones singulares en la costa de Nueva York, a menudo descritas como «retratos» de sus propietarios, que desafiaban lo convencional y el *statu quo* de la arquitectura y atraían la atención de revistas como *Life* o *Esquire*. Su filosofía era que una vivienda debía ocupar solo el 20 por ciento del terreno disponible y ser impredecible dentro de ese espacio; de este modo, la diversión estaba asegurada y el descanso también. Así que no hay duda de quién fue la fuente de inspiración para la cabaña en la playa de Elizabeth Reese, una mujer independiente y con una impactante carrera profesional que tan solo quería liberarse del estrés del trabajo disfrutando del mar. Con un modesto presupuesto de siete mil dólares (unos ochenta mil en la actualidad) y un espacio condicionado por los temporales de viento y tormenta de la costa, Geller se puso manos a la obra.

Su amigo, el crítico cultural y escritor Alastair Gordon, lo describía como un personaje quijotesco capaz de enfrentarse a cualquier dificultad. En el libro *Beach houses. Andrew Geller*, cuenta cómo el arquitecto, aunque preocupado por los riesgos de construir la vivienda en una zona de la playa que se inundaba con frecuencia, consiguió encontrar una solución rápida y eficaz en un tiempo récord. Decidió apoyar la estructura en la parte más alta de la duna, sobre cimientos anclados a tres metros de profundidad bajo la arena. Construyó la vivienda con madera de cedro y encargó un pasillo de tablillas que iba directo a la playa, situada a menos de cincuenta metros de distancia. En la segunda planta diseñó una versión muy particular del clásico *widow's walk*, una especie de balcón mirador en altura que se utilizaba sobre todo para acceder a la casa si había un incendio. No, no lo usaban las mujeres viudas para cotillear sobre lo que sucedía en la calle, al más puro estilo de la vieja del visillo. Este balcón de madera miraba hacia el océano, para que Elizabeth pudiera meditar cerca de la orilla y tomar el sol desnuda sin que los vecinos la espiaran. Con el emplazamiento elegido, se creaba sombra y un porche natural en la planta baja que rompía la fachada en dos y prevenía del excesivo calor durante los meses de verano.

El interior, de tan solo veinte metros cuadrados, era abierto como un loft y estaba orientado a las dunas y la playa. Tenía una chimenea central y ventanas a los lados, probablemente inspiradas en la cabaña Bennati de los años treinta. Al dormitorio, en el piso superior, solo se podía acceder mediante una escalera que se desplegaba con un sistema de poleas. Esta *A-frame cabin* fue tan sonada en los Hamptons que los medios no tardaron en hacerse eco del original diseño. El 5 de mayo de 1957, la vida de Geller cambió para siempre: la Reese House apareció reseñada en primera plana en *The New York Times* con un titular a cinco columnas que rezaba «Vivir el verano es aún más fácil en esta nueva casita de playa en Long Island».[2] Por

2. «Summertime Living Becomes Even Easier at New Long Island Beach Cottage», <https://alastairgordonwalltowall.com/wp-content/uploads/2011/12/nytimes_5-5-57.jpg>.

supuesto, este artículo atrajo la atención de numerosos clientes dentro y fuera de Estados Unidos, lo que llevó al arquitecto a diseñar más de quince nuevas casas en los tres años siguientes. Cuenta Gordon que, en esa época, Geller le decía que solo necesitaba dormir cinco horas y que se levantaba a trabajar de madrugada mientras escuchaba la radio. Sus proyectos cumplían ese deseo aspiracional de libertad y desapego de la vida urbana que, por fin, estaba al alcance de la mayoría. Su capacidad para ofrecer un diseño contemporáneo y asequible a gran parte de la clase media estadounidense fue clave en el éxito. Pero también me parece importante cómo entendía a sus clientes, ya que las necesidades se asemejaban: no eran ricos, pero tenían ambición y querían subirse a la ola del nuevo estilo de vida americano que empezaba a triunfar.

La historia de la Reese House es efímera y algo triste, ya que, aunque fue diseñada para resistir las duras condiciones climáticas y adaptarse al estilo de vida de su propietaria, en 1962, casi de manera irónica, una terrible tormenta con vientos huracanados destruyó por completo el edificio. Aunque la precursora del *boom* de las *A-frame* se perdió, Geller continuó diseñando casas que desafiaban las normas establecidas, siempre pensando en la individualidad y las necesidades específicas de sus clientes. Otra de sus obras más icónicas, que llevó la idea de cabaña en A a un nuevo espectro, fue la Frank House (1958), inspirada en las pirámides mayas. El legado de este visionario perdura como un testimonio de la importancia de la creatividad y la expresión personal en la arquitectura. La Reese House, aunque desaparecida, continúa siendo un símbolo de esta filosofía, una obra maestra que combinó funcionalidad, estética y un profundo respeto por el entorno.

La Reese House, de Andrew Geller, en los Hamptons.

Los dos ejemplos anteriores tan solo fueron el comienzo de una escalada hacia el Everest de las cabañas o, como me gusta decir, la *Golden Age cabañil*. Andrew Geller se hizo tan famoso que, en 1959, el Gobierno de Dwight D. Eisenhower le pidió supervisar el diseño de una maqueta que mostraría *la casa típica americana* a tamaño real en una exposición en Moscú. Un evento, por cierto, que generó una conversación muy sonada —llamado el «debate de cocina», porque transcurrió en la cocina de este prototipo y porque comenzó cuando se mencionaron las comodidades que en Estados Unidos tenían las amas de casa— entre el entonces vicepresidente de Estados Unidos, Richard Nixon, y el presidente de la Unión Soviética, Nikita Jrushchov. Ambos líderes hablaron sobre el capitalismo, Occidente y el comunismo ruso, en un último intento por salvar lo que pudiese quedar de la relación bilateral en los primeros años de la Guerra Fría. La vivienda ideal americana estaba pensada para la familia de clase media trabajadora y, tras su paso por la Exposición Nacional Estadounidense, se convirtió en tal éxito que llegó a oídos del mismísimo director de marketing de Macy's (huelga decirlo, El Corte Inglés de Estados Unidos), que olió el dinero y contactó con Geller para comprarle la patente y pedirle que supervisase nuevos diseños que pudiera producir en serie para sus establecimientos, decorados por ellos, pero ideados por él.

Imagina la escena: a principios de 1964 estás paseando por la tienda insignia de Macy's en Nueva York y te encuentras con algo inesperado. Entre los electrodomésticos y la ropa de la nueva temporada hay un anuncio que dice: «¡Compre su casa de vacaciones aquí, en Macy's!». No es una maqueta, tampoco una simulación; ante ti, una vivienda equipada y lista para ser transportada a los Hamptons. Una mujer podía entrar a comprar un sujetador y salir con una casa bajo el brazo. El sueño húmedo de cualquier neoyorquino, si me preguntas. Esta colección de hogares se comercializó con el nombre de Leisurama, la combinación del término inglés *leisure* («ocio») y el sufijo *-rama*, que proviene del griego ὅραμα y se refiere a lo que está a la vista, lo espectacular. Se vendieron doscientas casas en seis semanas y, según Frank Tuma, el director de ventas del proyecto en los grandes almacenes, fácilmente podrían haber vendido cuatro veces más.

Las Leisurama Homes estaban llamadas a ser destinos de fin de semana, la segunda residencia que todo buen estadounidense debía y podía permitirse tener, sin hipotecas ni quebraderos de cabeza, tan fácil como ponerse los zapatos. No eran lujosas, pero contaban con todo lo que una familia necesitaba para vivir. Tomaban su inspiración de la arquitectura escandinava, con espacios abiertos y grandes ventanas. Los estadounidenses habían encontrado, al fin, un antídoto perfecto y económico para la vida en la ciudad. El paquete completo, con un coste medio de unos trece mil dólares, incluía lo siguiente: la parcela, la vivienda de entre sesenta y cien metros cuadrados, electrodomésticos, muebles, vajilla completa, ropa de cama, toallas y hasta papel higiénico y cepillo de dientes. En resumen, todo lo necesario para un refugio vacacional al que siempre poder regresar. Cada detalle estaba pensado para una vida sin complicaciones, todo listo para usarse. Aquella bombilla encendida a tiempo en Macy's fue una idea de «llave en mano» especialmente atractiva para una generación que valoraba, como nunca antes en la historia, el ocio y la eficiencia. Los anuncios hacían hincapié en eso, ya que mostraban familias felices disfrutando de barbacoas en el patio, niños jugando en la arena y parejas relajándose al sol. Era el sueño americano empaquetado en un producto de consumo rápido. Su efectivo eslogan, «Ven a Macy's, elige tu casa y en unos días tendrás un refugio en la playa», prometía acercar el lujo a la

Ejemplo de una Leisurama Home, la casa prototípica estadounidense.

clase media. El proyecto no tardó en saltar de la Gran Manzana a la costa de Florida y de California.

Otras empresas tomaron nota de este mercado en apogeo, el de las casas prefabricadas de vacaciones, y empezaron a diseñar las suyas. Pero si hay una que destacó sobre las demás y que encima contribuyó enormemente a la proliferación de las *A-frame cabins* fue la Douglas Fir Plywood Association, la asociación maderera más importante del país. Fundada a principios del siglo XX, tenía un objetivo claro: promover las ventajas y la versatilidad de la madera de abeto Douglas, uno de los materiales más resistentes y sostenibles del mundo, así como potenciar el uso del contrachapado, una técnica con visos de convertirse en un hito de la construcción en los años venideros. Siguiendo la idea que había triunfado en los Hamptons y Long Island con las Leisurama Homes, en 1960 elaboraron su primer catálogo de casas a la carta llamado *Second homes for leisure living*.[3] En su interior, el Kristian Pielhoff (*aka* el señor rubio de *Bricomanía*) de cada hogar podía encontrar hasta dieciocho diseños diferentes de cabañas de vacaciones con sus planos junto con las instrucciones para construirlas. Como un DIY (hazlo tú mismo) cualquiera, solo que de ochenta metros cuadrados y en el bosque (o en la playa). Tres capítulos de *Bricomanía* después, podrías tener tu refugio de fin de semana listo. Eran tan asequibles y fáciles de construir que se popularizaron al instante. Por el camino, redujeron hasta el 80 por ciento los costes de producción, abaratando el proceso y ahorrando en la contratación de personal especializado o arquitectos.

3. Douglas Fir Plywood Association, *Second homes for leisure living*, Douglas Fir Plywood Association, 1960, <https://archive.org/details/SecondHomesForLeisureLiving/mode/2up>.

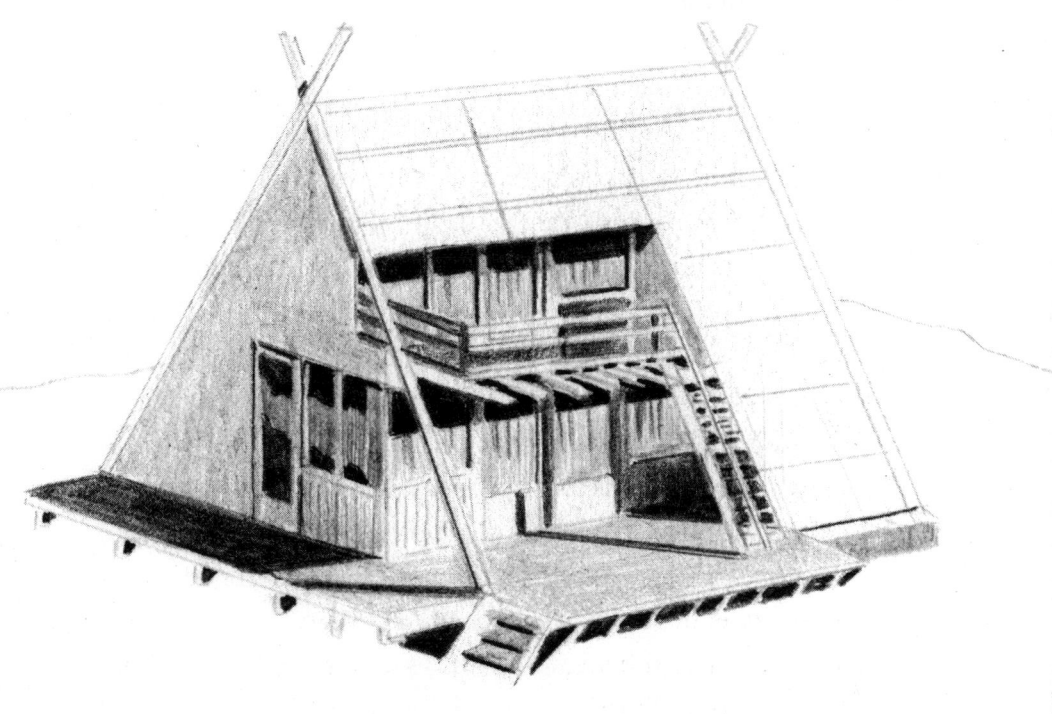

Una *A-frame cabin* típica del catálogo de la
Douglas Fir Plywood Association.

«Un millón de familias americanas que ya han se han hecho con una cabaña no pueden estar equivocadas...Alejarse de todo en un refugio familiar es más divertido. Este es el número de familias que ya ha comprado o está comprando su segunda residencia».[4] Pues sí, un millón de familias americanas no podían estar equivocadas. Pero no es oro todo lo que reluce. A pesar de que esta tendencia cabañil se mantuvo al alza hasta bien entrados los años setenta, la árida escalada de la Guerra Fría, la crisis de los misiles de Cuba y una economía en claro declive mermaron el atractivo de estos pequeños milagros en A, que pasaron de ser símbolo de estatus y ruptura con la ciudad a convertirse en unas estructuras algo horteras y producidas en masa que crecían como setas en todos los rincones de Estados Unidos. La gente estaba harta de verlas. En los años ochenta y noventa, con el cambio de hábitos de consumo propiciado por todo lo anterior, cesó su construcción masiva. Las casas de veraneo volvieron a ser lo que siempre habían sido: un sinónimo de lujo, algo que solo se podían permitir los más ricos. La crisis de 2008 y el desplome del mercado inmobiliario agudizó aún más la brecha de acceso a la segunda residencia entre las clases que podían costearse el ocio y el disfrute de la naturaleza y el resto de ciudadanos de a pie.

Los estadounidenses tocaron su sueño en A con las yemas de los dedos, pero se les fue la mano y acabaron por derruirlo... ¿O no? Cuando todo parecía perdido, la generación *millennial*, alentada por las redes sociales y por una pandemia mundial, resucitó el amor por estas casitas de madera. Puede que el *burnout* digital y la turistificación de las ciudades (que las hace invisibles) generados por el capitalismo de masas también

4. *Ibid.*

hayan tenido algo que ver. Contenedores reciclados, cabañas minimalistas, *tiny houses* y toda una extensa familia cabañil empezaron a florecer de la mano de un cambio de mentalidad más en sintonía con el medioambiente y nuestra incipiente conciencia ecológica. Las cabañas en A, casi relegadas al olvido, volvieron con una renovación mayúscula para adaptarse a los nuevos tiempos: más sostenibles, funcionales y siempre con el espíritu de ser un hogar asequible en contacto con el paisaje. La moraleja es sencilla: la humanidad siempre ha estado destinada a regresar a la naturaleza. Es evidente que ese *eterno retorno* del que hablaba Nietzsche resuena con fuerza en esta época: construimos nuevas sociedades, inventamos tecnologías más avanzadas, pero volvemos, una y otra vez, a la primera casilla del tablero, a la de la esencia, la que hunde nuestras raíces de nuevo en la naturaleza. Y de nuevo comienza todo.

Hemos llegado a un punto en el que el cambio climático, la pérdida de biodiversidad y las crisis ecológicas se convierten en el duro recordatorio de que nuestro destino, inevitablemente, está ligado a lo que sucede fuera de nuestras ventanas, de nuestros edificios de cemento; está ligado a los bosques, al aire que respiramos, a la desconexión voluntaria de la vida digital, al *detox* merecido tras semanas de trabajo y superproducción como si fuéramos máquinas en una fábrica que no descansa. La humanidad avanza pero no tendrá futuro si no admite, protege y atesora esa atracción gravitatoria hacia la naturaleza. Reconectamos con ella porque la necesitamos. Sin ella no tenemos futuro. Y tal vez, ahora, seamos más conscientes que nunca de esta verdad.

Doctor en Alaska

~

La televisión como cabaña

La vida aquí es muy elemental. Auténtica. Sin la interferencia de la civilización, experimentas mejor las cosas. Cosas como el silencio. Sí, el silencio en su pureza. Y la oscuridad. Sí, silencio y oscuridad. En este momento, todo cuanto veo a través de la ventana es un manto negro. El infinito. La oscuridad. Realmente fascinante. Te lo aseguro, no tengo una beca en la Clínica Mayo pero soy feliz. Muy muy feliz.

Dr. FLEISHMAN, *Doctor en Alaska*, temp. 3, ep. 17

Ver *Doctor en Alaska* me reconforta. La serie cuenta la historia del doctor Joel Fleischman (Rob Morrow), un tipo de ciudad, licenciado en Medicina por una de las universidades más prestigiosas de Estados Unidos y algo subidito, que de repente se encuentra en Cicely, un pequeño pueblo perdido en Alaska, con tan solo doscientos quince habitantes, al que tendrá que adaptarse transformando su espíritu urbanita en algo diferente. Sus nuevos vecinos carecen de grandes ambiciones, se ayudan entre ellos y entienden la vida en conjunto. Parece que en esa comunidad nunca pasa nada y, sin embargo, sucede de todo. También hay cabañas, por supuesto: desde la que le alquila Maggie a Joel, hasta la guarida algo extraña de Adam, ese personaje tan misterioso como sorprendente (y probablemente uno de los mejores chefs de la ficción televisiva, con permiso de Carmy Berzatto, de *The Bear*). Uno de los aciertos de los guionistas fue saber convertir esos refugios y espacios en parte del elenco y de las tramas. La singularidad del entorno es un elemento más de todo lo que sucede en ese pueblo perdido de Alaska. La realidad es que Cicely no existe. Aunque se inspira en Talkeetna, una pequeña aldea de Alaska, la serie está grabada en el estado de Washington (al noroeste de Estados Unidos), tierra de bosques y grandes lagos; sus localizaciones se encuentran entre Roslyn y Redmond (cerca de Seattle), muy similares al paisaje alaskeño.

Al final del undécimo episodio de la tercera temporada, *Fecha: Cicely*, Maggie O'Connell (Janine Turner) y el doctor Fleischmann van al bosque al atardecer y se quedan en silencio entre los abetos, escuchándolos, porque, según una noticia que habían leído en la portada de *The Cicely News & World Telegram* («¡INCREÍBLE HALLAZGO EN LA TUNDRA, LOS ÁRBOLES HABLAN!»), al parecer, tenían la capacidad de comunicarse entre ellos mediante sonidos guturales. En un momento dado, el doctor le pregunta a Maggie:

—No soy hijo de la naturaleza, soy hijo del asfalto y los tubos de escape, nunca he oído hablar a los árboles. ¿Qué tengo que hacer?
—Solo escuchar.

La cabaña de Joel Fleishman en *Doctor en Alaska*.

Y el doctor escucha. Verlos en ese instante de perfecta simbiosis con el entorno conectó conmigo de una manera muy íntima y, por unos momentos, me desenchufó de esa espiral obsesiva de productividad en la que a veces entro. Con esa escena viví lo que yo llamo un *momento cabaña*, esa sensación de confort y refugio que me inspiran esas pequeñas construcciones. Porque, como ya te he dicho, las cabañas a veces son reales y, en otras ocasiones, cálidas metáforas. «En Cicely, como ocurre en la mayoría de las *comfort movies*, sus habitantes parecen vivir atrapados en una rutina inalterable. Pero lo virtuoso de una serie como *Doctor en Alaska* es que ni sus personajes ni los espectadores son capaces de predecir por dónde va a ir la trama: si el formato de los capítulos parece responder a una misma fórmula, siempre nos tiene reservado algún descubrimiento. Esa sorpresa es realmente confortable porque al final del capítulo, pese a lo que haya podido suceder, vuelve todo al lugar donde estaba»,[1] explican Adriana Cabeza y Alexia Guillot, las prescriptoras audiovisuales que están al frente del proyecto Las Entendidas.

No tardé en descubrir que quienes adoramos este tipo de contenido somos legión. Un día mi amiga Ana me dijo que *Doctor en Alaska* es su lugar seguro porque todo transcurre a cámara lenta. Cicely es lo que ella definiría como cabaña, la choza primitiva a la que huye cuando necesita desconectar del mundo real. Incluso ha bautizado así su casita de los Pirineos, creando una conexión entre ese refugio metafórico y el real, al que acude cuando necesita escapar de Madrid. Para mí, ese *safe space* en la pequeña pantalla es *Las chicas Gilmore*: me basta con darle al *play* y todos los dramas del mundo desaparecen. Stars

1. Entrevista de la autora.

166

Hollow, el pueblo *fake* de diez mil habitantes en Connecticut (Estados Unidos) donde viven Lorelai y Rory Gilmore es mi lugar-cabaña favorito de la ficción. Sus calles adoquinadas y sus fachadas pintorescas son una llamada a la nostalgia, un recordatorio de que la vida puede ser bella en su simplicidad. En un momento en que las pantallas se empezaban a llenar de efectos especiales, Stars Hollow destacó (y destaca) por su autenticidad, como un bálsamo perfecto para cualquier momento, dejando de ser un escenario y pasando a ser un estado mental. Cada otoño, religiosamente, vuelvo a verla y encuentro de nuevo esa especie de cobijo virtual entre sus tramas y sus personajes, en sus diálogos, que recito mentalmente. Incluso la propia Lorelai (Lauren Graham) tiene su propio abrazo cabañil dentro de la serie, ya que posee un don especial para saber cuándo comenzará a nevar —*I smell snow* («Huelo a nieve»)— y se siente arropada cuando empiezan a caer los primeros copos que anuncian la llegada del invierno. Mi amiga África dice que es una serie que es *casa*, «te gustaría vivir en todos sus capítulos». A pesar de sus diálogos veloces —una hora de capítulo equivale a ochenta páginas de guion, cuando lo habitual es que sean cincuenta, según contó una vez Amy Sherman-Palladino, creadora de la serie, muy al ritmo de esa velocidad 2× de los audios de WhatsApp a la que nos hemos acostumbrado—, es la antítesis de la agitación, del ruido y del estrés de una gran urbe. Es, por supuesto, la cabaña dentro de la ficción, una burbuja que te hace desconectar por completo de la ciudad, de la rutina, del trabajo.

Como buenos creadores de modas absurdas, los periodistas han puesto su apodo con toque *millennial* a este fenómeno. Piensa en ese plato de pasta con tomate que te zampas un viernes por la noche después de una larga y tediosa semana. El placer y la comodidad que te proporciona esa cena tiene nombre: *comfort food*. Te hace sentir bien, te *abraza*, te protege. Mientras estás saboreándola, nada malo puede suceder. Resulta que con la televisión ocurre algo parecido. Cuando vemos una serie que disfrutamos en nuestra infancia, o que tiene personajes amables, o cuyos episodios siempre terminan bien para el protagonista, sentimos una especie de felicidad y gustito que nos lleva a hablar de *comfort TV.* Recuerdo 2016 como un auténtico punto de inflexión en la sociedad. El mundo estaba viviendo un cambio único, la palabra del año del diccionario de Oxford fue *posverdad*, el Brexit de Reino Unido sacaba a los conmocionados británicos de la Unión Europea y Donald Trump saltaba de la irónica y burlona animación *simpsoniana* a la presidencia de Estados Unidos por primera vez. La sociedad empezó a necesitar más que nunca reductos de confort, certezas a las que asirse en arenas movedizas, lugares donde desconectar de una realidad tan distópica que parecía sacada de un capítulo de *Black Mirror*. ¿A qué recurrió? A la caja tonta. O, si lo prefieres, a las plataformas audiovisuales que estaban irrumpiendo con fuerza en el mercado no solo para regalarnos nuevos estrenos, sino para dejarnos abrazar la *comfort TV* más auténtica. En vez de macarrones con tomate, lentejas estofadas o un sándwich mixto trufado, muchos recurrimos a *Friends, Battlestar Galactica, Doctor Who* o *Seinfeld* cuando necesitamos sentirnos seguros. Es nuestra televisión-cabaña.

Y, ojo, que estoy hablando de un fenómeno transgeneracional. No es necesario haber sido testigo directo del estreno de los espectáculos para admirar su calidad. Solo así se explica que *Friends*, una serie cuyo último capítulo se emitió en 2004 (y que veía diariamente después de comer en el desaparecido Canal+ sin codificar, queriendo sentirme tan neoyorquina como ellos con su edad), cuando muchos miembros de la generación Z no pasaban de cigotos, se coronase veinte años después como una de las que más satisfacción y paz daba a quienes la veían.[2] No me extraña nada: ¿acaso el ideal de un pasado mejor, de un mundo sin problemas, no es también el que nos llama, con sus cantos de sirena, hacia el universo cabañil?

Tan solo en 2019 se produjeron en el mundo más de cuatro mil series de ficción.[3] Es un abanico de opciones abrumador y con tendencia a lo perverso si tenemos en cuenta el *scroll* infinito en el que nos dejan caer muchas plataformas cuando intentamos buscar algo nuevo para ver. Quizá ese superávit en la oferta sea una de las razones de que la *comfort TV* siga ahí, incombustible frente a un batallón de novedades que probablemente se nos olviden a la media hora de haberlas terminado, pasando desapercibidas en nuestro imaginario futuro. No hay que complicarse en elegir: conoces la historia, el final, a los personajes y vas a un espacio imaginario que es sinónimo de éxito y de hacer que te sientas bien. Piénsalo como si fueras interiorista: no tenemos que pasar por los quebraderos de cabeza de amueblar una gran mansión, solo necesitamos una mesa, dos sillas y un colchón de noventa para ponernos cómodos en nuestro refugio de montaña. Algunas series y películas son cabaña porque «transmiten tranquilidad y propician una sensación de aislamiento en la naturaleza que invita

2. Nielsen Group, «Lol Amid uncertain times consumers take comfort in nostalgic comedy shows», marzo de 2021, <https://www.nielsen.com/insights/2021/lol-amid-uncertain-times-consumers-take-comfort-in-nostalgic-comedy-shows>.

3. Tim Dams, «More Than 10,600 New TV Series Launched Globally in 2019», *Variety*, 7 de febrero de 2020, <https://variety.com/2020/tv/news/new-tv-series-launched-globally-2019-1203496340/>.

al descanso. Lo que solemos buscar al escaparnos de la ciudad al campo es similar a lo que pretendemos cuando acudimos a ficciones: encontrar una estabilidad y una pausa con las que no contamos en nuestro día a día», aseguran Cabeza y Guillot. Hay estudios que afirman que el hecho de saber lo que va a suceder en una película que estás viendo proporciona seguridad y está vinculado con la liberación de neurotransmisores como la dopamina y la serotonina. Que se lo digan a los niños, que no se cansan de ver *trescientascincuentamil* veces en un mismo día su película favorita —el *imperio romano* infantil—: llámale *El Rey León, Frozen* o, para el caso, *Los Goonies*. Casi se puede palpar ese placer.

En 2011, las psicólogas Cristel Antonia Russel y Sidney J. Levy publicaron un estudio sobre los hábitos de repetición en personas —vamos con los anglicismos: *rewatching* («revisionar»), *rereading* («releer»), *revisiting* («revisitar»)—[4] y determinaron que disfrutamos de esa práctica tanto por placer como por nostalgia, terapia o la oportunidad de revivir experiencias. «El acto de ver repetidamente una película nos permite descubrir nuevos detalles en nuestras escenas favoritas. Nos da la comodidad y satisfacción de sumergirnos en un ambiente familiar y seguro. Esta sensación de familiaridad puede traernos consuelo y alegría, ya que sabemos qué esperar y disfrutamos de lo que conocemos. Al revivir estos momentos significativos de nuestras vidas, obtenemos experiencias más ricas que pueden con-

---

4. Cristel Antonia Russell y Sidney J. Levy, «The Temporal and Focal Dynamics of Volitional Reconsumption: A Phenomenological Investigation of Repeated Hedonic Experiences», *Journal of Consumer Research*, vol. 39 (agosto de 2012), pp. 341-359, <https://gwern.net/doc/culture/2012-russell.pdf>.

ducir a una mayor introspección y crecimiento personal»,[5] añade Dulce Aguilar al tratar de dar respuesta a la pregunta «¿Por
qué me gusta tanto y veo la misma película?». No sé a ti, pero
a mí todo esto me suena muy cabañil: el placer de lo simple, de
lo sencillo, que se aleja del caos en el que nos ahogamos a diario; la añoranza de volver a disfrutar de algo que conocemos
profundamente; la búsqueda interior, como esa choza primitiva a la que recurrían los ilustrados… Pero también el aspecto
terapéutico, ya que tanto refugios como películas nos ayudan a
gestionar emociones en momentos en que de verdad lo necesitamos. Ruth, mi psicóloga, me dijo una vez que desconectamos de nuestra historia para conectar con otras que son aspiracionales y nos ayudan a procesar lo que hemos vivido
durante la jornada. Solo tienes que encender la televisión y
con un botón viajas a tu cabaña particular sin levantarte del
sofá.

La *comfort TV* rizó el rizo de su *coziness* cuando empezamos a imitar el ambiente de las cabañas en el salón de nuestro
piso de ciudad. ¿Sabías que hay gente que en vez de ponerse
una serie o una peli prefiere un vídeo con una chimenea encendida? Desde YouTube hasta Netflix (que, por cierto, dice
que «ofrece la imagen más nítida del mercado»), tienes dónde
elegir. Puede parecer algo friqui, pero es un gesto reconfortan-
te para muchísimas personas —entre las que me incluyo— y
la plataforma de *streaming*, siempre un paso por delante de las
tendencias, tomó buena nota para entregarnos el momen-

5. Dulce Aguilar, «Hábitos de repetición: ¿por qué me gusta tanto y
veo la misma película?», *Neuromarketing.la*, <https://neuromarketing.
la/2024/04/habitos-de-repeticion-por-que-me-gusta-tanto-y-veo-la-mis
ma-pelicula/>.

to *hygge* en 4K UHD que tanto se vende en revistas de decoración e interiorismo. Que tengas o no una chimenea de verdad es lo de menos. George Ford, el creador de este singular mediometraje de crepitar y fuego, dedicaba su día a día a su empresa de mascotas y a grabar vídeos de entretenimiento para gatos (ya sabes, escenas en las que aparecen pájaros, para tratar de auspiciar algo de movimiento e interés vital en los felinos domésticos). De repente, se le ocurrió recuperar para sus hijos una costumbre navideña de la televisión estadounidense de los años sesenta: la chimenea televisada.

En 2010, mucho antes de que decidiéramos convertir nuestras pantallas en acogedores fuegos cabañiles, Ford grabó la suya, y en un alarde de humildad la llamó «la mejor chimenea que jamás hayas visto». Tardó, ojo, dos años en completar el proyecto, y por el camino le dio tiempo de convertirse en todo un experto en filmar fuego, en captar el crujido de la leña y el movimiento del humo. Una década más tarde la plataforma de Reed Hastings llamó a su puerta y le compró los derechos de emisión. El suyo es un triunfo silencioso que cada año consigue más adeptos y desbanca hasta a las *comfort movies* más asentadas. ¿O acaso no te sorprende que durante la Navidad de 2023 uno de los contenidos más vistos de la plataforma en España no fuese *Love Actually* o cualquiera de esos estrenos navideños en el que una empresaria viaja al pueblo de turno de las profundidades rurales de Estados Unidos para conocer a un hombre sexy y huraño que le hará querer dar una nueva oportunidad al amor, sino los sesenta minutos de «Chimenea en tu hogar»?[6] Puedo confirmar que no hay

---

6. Sergio Soriano, «El insólito contenido que ha liderado el top de Netflix España durante Navidad», *El Plural*, 26 de diciembre de 2023, <https://

manera más sencilla de convertir tus cuatro tabiques mal in-
sonorizados —esos a los que llamas casa—, que te hacen convivir más de lo que te gustaría con ese vecino ruidoso, en una
auténtica cabaña en el bosque. Confieso que soy de ese club,
tal vez porque he crecido en una casa con llar y me produce
esa sensación de *calor de hogar*. Llámale melancolía. Llámale lugar feliz.

Unas veces la televisión convierte tu casa en cabaña y otras
obra la magia de transportarte a una. La historia del cine está
repleta de ejemplos célebres. En el año 2002, en el Forum des
Images de París, el crítico cinematográfico y cineasta francés
Alain Bergala, exdirector de *Cahiers du Cinéma* y un auténtico
experto en la materia, dictó una conferencia sobre las cabañas
y los espacios pequeños en la historia del cine, haciendo un recorrido por sus apariciones más importantes en películas. En
su opinión, estas construcciones de madera suelen ser lugares
en los que la comunidad se descompone y la historia vuelve a
nacer. La cabaña, aunque esté fuera de foco, en los márgenes,
determina nuestro pensamiento como espectadores sobre lo
que sucede.

Para datar la primera cabaña en la gran pantalla debemos
remontarnos al cine mudo. Una de las primeras documenta-
das en la historia del celuloide se filmó en *Una semana*,[7] de
Buster Keaton (1920); una pareja de recién casados recibe,
como regalo de bodas, un *kit* de bricolaje para construir su
propia casita de madera. Sin embargo, como suele suceder en

---

www.elplural.com/todo-tv/insolito-contenido-liderado-top-netflix-espana-
navidad_322100102>.

7. Buster Keaton, *One Week*, 1920, <https://www.youtube.com/watch?
v=MQQ5KLlSrfk>.

las cintas del cómico estadounidense, nada sale como se esperaba y la construcción es un desastre. ¿El culpable? El exnovio de la chica que, despechado, ha cambiado el orden de las cajas. ¿Dónde estaban las Leisurama Homes de Macy's cuando se necesitaban? Sin querer, esta película despliega una nueva manera de hacer cine: la cabaña (el espacio, lo inerte) se convierte en un personaje más del guion, condicionando la acción y adquiriendo el rol de tercero en discordia. Es fascinante ver cómo poco a poco muchos espacios y lugares reclaman un papel protagónico en las narrativas, determinando muchas veces el curso de lo que sucede, jugando con los escondites, las paredes, las sombras, los paisajes. Es algo que no debería sorprendernos, ya que estamos acostumbrados a la importancia del interiorismo en muchísimos metrajes, pero esta idea va más allá de ser un simple atrezo: el espacio crea sensaciones y emociones como el mejor pagado de los actores. ¿Te acuerdas del agente Dale Cooper? El protagonista de *Twin Peaks* está fascinado con el Gran Hotel del Norte, su arquitectura y sus habitaciones. En esa serie, David Lynch generó un universo onírico que fascinó tanto a expertos como a la gran mayoría de los que la vieron en la pequeña pantalla. (Otro ejemplo: aquella «sala de espera» que salía en las ensoñaciones de los personajes con el suelo en un zigzag blanco y negro y las cortinas rojas de terciopelo).

En *Anatomía de una caída*, ganadora del Oscar a mejor guion original en 2024, el chalet alpino donde vive el matrimonio con su hijo tiene una importancia crucial en la trama. Sin ánimo de hacer espóiler, es escenario del crimen y a la vez testigo silencioso de lo ocurrido antes y después, centro neurálgico de la investigación y cómplice del conflicto de la pareja. Incluso la propia arquitectura (las ventanas, las escaleras, las sombras de las esquinas) desempeña un papel en la narrativa visual. Un combo que crea una tensión evidente e intensifica la sensación de encierro y aislamiento durante los ciento cincuenta minutos que dura el film. Para los propietarios de la edificación, el largometraje marcó un antes y un después: la cabaña se hizo viral en internet cuando una usuaria la descubrió en Airbnb y publicó el enlace en su perfil de X (el antiguo y añorado Twitter), provocando una avalancha de reservas difícil de gestionar. El fenómeno saltó de la ficción a la turistificación. No es un viaje sencillo. Sin embargo, las joyas de la corona son las cabañas en los Alpes, que constituyen la auténtica realeza de la arquitectura de montaña y la excusa perfecta para tramas de este tipo. Hasta el anime japonés tiene su refugio alpino. ¿Recuerdas a la pequeña Heidi, que vivía con su abuelito y su perro Niebla y correteaba con la cabrita Copo de Nieve y Pedro por las montañas de Suiza? Maienfeld fue la inspiración de Johanna Spyri para crear el horizonte bucólico por excelencia, el de un clásico de la literatura infantil que en su casi siglo y medio de existencia ha sido traducido a más de cincuenta idiomas. En Heididorf, un centro para visitantes al nordeste de la localidad, se ha recreado con el máximo detalle la casa del abuelito y todo el universo de la alegre pastora a través de un idílico paisaje, convirtiendo esa cabaña que muchos vimos en los dibujos animados, con las camas de paja y las vistas a la montaña, en una realidad. Allí mismo puedes comprar *souvenirs* (gorras, tarteras, imanes, relojes de madera, peluches y hasta una *raclette*), en una tienda convenientemente instalada, y también enviar postales a tus seres queridos desde la oficina de Correos más pequeña de Suiza. Supongo que hay formas mejores de disfrutar de una cabaña, pero quizá pocas más rentables para sus propietarios.

Por desgracia, muchos escenarios cabañiles del cine y la televisión no se pueden visitar. Rosehill Cottage, la deliciosa vivienda en la que reside Iris Simpkins (Kate Winslet) en *The Holiday* (Nancy Meyers, 2006), es con toda probabilidad uno de los espacios más acogedores de la gran pantalla. Y no existe en la vida real, ya que los exteriores se construyeron de cero en la ladera de una montaña a las afueras de la localidad inglesa de Shere y los interiores, en su mayoría, son decorados levantados en Los Ángeles: «Estábamos buscando la cabaña más bonita, más pequeña y más inglesa que pudiésemos encontrar. Descubrimos una que, de hecho, pertenecía al National Trust», ha contado el diseñador de interiores de la cinta, Jon Hutman, en infinidad de ocasiones. Por diversos motivos (distancia, falta de disponibilidad, etc.) no pudieron usarla y acabaron haciendo ese ilusionismo que solo se logra en la ficción, replicando la realidad de manera bastante fidedigna. Tomaron como modelo la fachada de Honeysuckle Cottage, en Holmbury St. Mary, que, por cierto, también estuvo un tiempo disponible en Airbnb (ay, ese idilio de la compañía por excelencia de los apartamentos turísticos con el cine y crear necesidades absurdas en lugares imposibles). Lo interesante es que este *cottage* imaginado se ha convertido en un paradigma estético en la vida real: ha combinado lo mejor del *british style*, desde la piedra hasta las vigas de madera, el desorden e incluso el aspecto viejo de los escalones, proporcionando un atractivo único que se ha reproducido en multitud de editoriales de decoración y en ideas de TikTok para hacer tu casa «más cabañil y acogedora». Incluso Amanda Woods (Cameron Díaz), una urbanita estadounidense dueña de una agencia de publicidad, de una gran mansión en Hollywood y que odia el mundo rural, cae rendida a sus pies (y a su bañera).

Rosehill Cottage, la cabaña de Iris Simpkins
(Kate Winslet) en *The Holiday*.

Sin embargo, no todas nuestras protagonistas de ficción favoritas son capaces de amar el campo a pesar de los obstáculos que les pone su espíritu urbanita. La soltera neoyorquina por excelencia, Carrie Bradshaw (Sarah Jessica Parker), protagonista de *Sexo en Nueva York*, se lo piensa dos veces en el noveno episodio de la cuarta temporada cuando Aidan (¡ay!, soy del *team* Aidan, qué le vamos a hacer) la lleva de fin de semana a una cabañita perdida en Suffern, algo que le parece ciertamente terrorífico. ¿Es esta serie otro lugar de confort para muchas? Seguro que sí. Lo cierto es que, dentro de sus caprichos y desplantes rurales, Carrie tiene razón en algo: hay una relación especial entre las cabañas y los eventos siniestros que es sorprendente y desconcertante. Resulta curioso que un espacio que está en contacto con la naturaleza, que genera paz y desconexión a partes iguales, puede, por otro lado, dar miedo y crear suspense. A mí, desde luego, no me vas a ver yendo sola y por la noche a hacer pis al baño exterior de la cabaña a la que hemos ido todos los amigos a pasar el fin de semana. Tampoco iré a buscar a quien tarde mucho en volver. Llámale espíritu de supervivencia, o haber visto muchas películas de terror y no querer morir en la primera media hora del metraje.

El crítico y director de cine Víctor López González tiene claro lo sencillo que resulta retorcer la idea de la naturaleza para proyectar una mirada oscura, y que eso, seguramente, se debe a uno de los miedos más habituales del ser humano: la soledad y el aislamiento (puntualizo, miedo para unos, necesidad voluntaria para otros, como los escritores que buscan inspiración). En el imaginario popular la cabaña tiene la capacidad de convertirse en un símbolo que aglutina esos temores proyectados tanto en el papel como en la pantalla. Y digo convertirse, porque en un principio (casi) siempre parece esa casita de madera bucólica con encanto, en la que pensamos cuando soñamos con alejarnos de todos nuestros problemas y en la que *nada malo* puede suceder. Sin embargo, en algún punto existe un detonante que marca el comienzo del horror, creando la sensación de que estamos totalmente solos y que, si nos matan, no se va a enterar ni el Tato. Un poco como ese «In space no one can hear you scream» que leyeron los primeros espectadores de *Alien* en su cartel promocional allá por el año 1979 y que daba una ligera idea de lo que estaba por llegar entre las paredes de la nave Nostromo.

Pues bien, en una cabaña alejada de cualquier lugar habitado tampoco puedes oírlos. Sin salir del grito y volviendo a *Doctor en Alaska*, recuerdo una conversación que tuve hace tiempo con el guionista y escritor Fernando Navarro (*Verónica, Segundo Premio*) mientras se encontraba en su propia *cabaña del escritor* en Santander, terminando una novela. Me sorprendió mucho descubrir lo hostil —incluso terrorífica— que le parecía la serie. Me dijo que aquella comunidad tan pequeña y cerrada le producía intranquilidad. Intenté convencerlo de que Cicely, en general, es un lugar pacífico y muy confortable, pero su respuesta fue contundente: «A mí lo que me da confort es el cine de terror. Es lo único que me produce tranquilidad mental. Pero, bueno, si hablamos de cabañas, mi sensación es que la edificación en sí es un tropo del cine de terror (aunque no de todo). Es un sitio donde no hay escapatoria, la versión moderna de la casa victoriana». Un lugar realista y perfecto para aislar a los personajes y someterlos a todo tipo de tormentos *made in* Hollywood. Piensa en *Viernes 13* (Sean S. Cunningham, 1980), *Misery* (Rob Reiner, 1990) o *He's Out There* (Dennis Iliadis, 2018).

La idea de cabaña como habitáculo cerrado es doblemente claustrofóbica: el espacio interior y el exterior, amplio, salvaje y desconocido. Las películas de horror rural, como *The Ritual* (David Bruckner, 2017), exploran la poco ilustrada idea de que la naturaleza es más amenazante que la ciudad, convirtiendo el refugio del bosque en poco menos que una ratonera. Para cualquier montañero, un vivac es un refugio de salvamento, pero si ese montañero es un personaje de ficción salido de la mente de, pongamos, M. Night Shyamalan, cuando trate de cobijarse de la nieve lo más probable es que esté abrazando un fatal y sangriento destino. *Posesión infernal* (Sam Raimi, 1981) marcó un camino de miguitas de pan cual Pulgarcito para que las películas que llegaran detrás pudiesen hacer de otras cabañas el espacio mitológico en el que te persiguen todas tus pesadillas. Al fin y al cabo, para guionistas y directores son mucho más fáciles de encontrar (y construir) que las mansiones góticas que venían cumpliendo ese rol hasta el momento. *Posesión infernal* impulsó el género *cabin movie*, que se ha consolidado en películas como *La cabaña en el bosque* (Drew Goddard, 2011) o más recientemente en *Llaman a la puerta* (M. Night Shyamalan, 2023). Todas comparten algo: la oscuridad de la arboleda parece más hostil que la propia cabaña. Así que los personajes, como no tienen adónde huir, se refugian en el único lugar que creen *seguro*. Entiendo que para nosotros, como público, una película así pueda convertirse en refugio. Al fin y al cabo, sabemos exactamente cómo va a terminar todo. Llevamos cuarenta años siendo testigos de masacres bajo la luz de las estrellas. En esas cintas la sensación de soledad y aislamiento son factores clave. Que se lo digan a Jack Torrance (Jack Nicholson), el protagonista de *El resplandor* (Stanley Kubrick, 1980), que a golpe de REDRUM muestra lo que ocurre cuando te aíslas del mundo. Veinte años más tarde, *El proyecto de la bruja de Blair* (Daniel Myrick y Eduardo Sánchez, 1999) recurrió a una

La terrorífica cabaña en el bosque de *Posesión infernal*.

estratagema insólita, la del «metraje encontrado», para convencernos a todos los espectadores de que el bosque era realmente un lugar amenazante y lleno de incertidumbre.

Un fenómeno curioso de las *cabin movies* es que, aunque no aparezca una cabaña, se puede recrear la sensación de ser prisionero de una. Si Torrance asediaba a los suyos en el hotel Overlook, *La noche de los muertos vivientes* (George A. Romero, 1968) transcurre en una casa, *La matanza de Texas* (Tobe Hooper, 1974) amplía el marco a un caserón y sus alrededores, y *La cosa* (John Carpenter, 1982) se aparece en un centro de investigación de la Antártida... Estirando un poquito más el chicle, entraría en la lista *REC* (Jaume Balagueró y Paco Plaza, 2007), uno de los clásicos del terror español, en el que la reportera televisiva Ángela Vidal (Manuela Velasco) de repente se ve encerrada en un edificio del Eixample barcelonés. Puede haber cine de cabañas sin cabañas porque, al final, todo lo que necesitamos es un espacio cerrado que duplique las funciones de refugio y pesadilla. Y, a su vez, esté rodeado de algo aún más peligroso: lo desconocido. «Para mí, los espacios son sitios peligrosos, y la naturaleza es el más peligroso de los sitios», zanja Fernando Navarro. Como buen granadino, el guionista también conoce y se siente fascinado por la cabaña de los enanitos de Sierra Nevada. Sin embargo, cree que, aunque pueda parecer acogedora desde una perspectiva infantil, también puede volverse aterradora porque, en realidad, ninguno de los dos la hemos visto nunca habitada, más allá de los enanos de cerámica inertes y vigilantes en el jardín. Yo creo que los puntos de vista de ambos son bonitos y necesarios. El del miedo y el del romanticismo, porque hacen aún mayor ese ideal platónico de la casita alpina de la sierra.

Una vez más, la magia de las cabañas se despliega en todo su esplendor: en tan solo unos metros pueden albergar paz y terror, introspección y aislamiento, conexión con la naturaleza y cobijo frente a ella. *Melancolía* (Lars von Trier, 2011) refleja a la perfección esa ruptura de lo idílico con la incertidumbre o el miedo. En la última escena (perdón si de nuevo hago algún espóiler), Justine (Kirsten Dunst) y su hermana Claire (Charlotte Gainsbourg) se sirven de unas ramas para construir un refugio y protegerse del *fin del mundo* junto a su hijo. Claire dice que están construyendo una cabaña mágica para protegerlos de la amenaza; con ese gesto tan alegórico, Von Trier vincula el fin de la humanidad con sus orígenes, con ese instante en el que el ser prehistórico descubrió el fuego y empezó a levantar los primeros techos con madera y huesos para guarecerse. La choza se convertía en la primera arquitectura humana, en la evidencia física del comienzo de la evolución, de la formación de una comunidad y de la protección frente a lo que sucede fuera.

En el cine, estos pequeños reductos de madera han servido para explorar la condición humana, reflejar miedos primigenios y celebrar la simplicidad de la vida. Desde las cabañas en los bosques de *Doctor en Alaska* hasta las chimeneas virtuales de Netflix o los universitarios perdidos de *Posesión infernal*, hablamos de algo más que de simples construcciones. Tenemos a nuestro alcance, en treinta y cinco milímetros (o en nuestros servicios de *streaming* de referencia), poderosas metáforas de nuestra búsqueda de sentido y serenidad en un mundo cada vez más complejo y ruidoso.

¿Porno de cabañas?
Sí, gracias

~

Una revolución en la era de internet

> Cuanto más migramos hacia un mundo tecnológico, más sublime es la naturaleza.
>
> ZACH KLEIN, *Cabin Porn*

Recuerdo con nitidez la primera cabaña que apareció en la pantalla de mi ordenador en 2009 (sí, ese año en el que me mudé seis veces a tres ciudades diferentes). Era un día lluvioso del mes de octubre, yo estaba en casa, hastiada, aburrida, navegando en ese *scroll* infinito de imágenes idílicas que nos proporcionaban Myspace, Fotolog o Tumblr, y me topé con la imagen de un edificio que captó de manera inmediata mi atención. Al ir a ver el crédito, supe que se había publicado originalmente en la revista *LIFE* en 1967. Era una casa de madera con tejado a dos aguas y una fachada de cristal espectacular (auténtica pesadilla para los más celosos de la intimidad) cerca

La primera cabaña que me encontré en internet, en 2009,
la residencia de verano del arquitecto Jens Risom.

de la playa. Y en su porche había varias personas sentadas que, a mi juicio, parecían estar pasándolo muy bien. Ver esa imagen me proporcionó una felicidad tan grande e inesperada que desconecté de mi situación de manera instantánea. Fue una reacción tan involuntaria como satisfactoria. Poco tiempo después supe que la responsable de haber modificado la química de mi cerebro no era cualquier cabaña, sino uno de los iconos del *Mid-century modern* estadounidense, diseñado por el arquitecto Jens Risom como su segunda residencia en Rhode Island. Además, fue una de las primeras viviendas prefabricadas que se construyeron en la historia, algo que supuso toda una revolución en plena ebullición inmobiliaria tras la Segunda Guerra Mundial, ya que se levantó por menos de veinticinco mil dólares.

En 2012 Jens Risom volvió a abrir las puertas de su emblemática cabaña a la revista *Dwell*. En el reportaje, su hijo Sven aseguraba que el entonces nonagenario arquitecto estaba «orgulloso y feliz de que la familia siga disfrutando de la casa y esté haciendo mejoras mejorando en lugar de dejar que se caiga a pedazos. Creo que su mayor alegría se la llevó al darse cuenta de que nos tomamos en serio esta cabaña. Eso, para alguien de noventa años, es más importante que cualquier otra cosa».[1] Tras leer el texto, entendí cómo la misma idea de refugio puede transmitirse de generación en generación.

Zach Klein, uno de los *startup kids* que revoloteaban por Silicon Valley cargados de grandes ideas de futuro a principios de la década de 2000 (fue consejero delegado de *Dwell*

---

1. Amanda Dameron, «Jens Risom's Block Island Family Retreat», *Dwell Magazine*, 24 de diciembre de 2012, <https://www.dwell.com/article/block-island-prefab-jens-risom-1b27ef90>.

y cofundador de Vimeo y de DIY.org), es a quien tengo que culpar por haber encontrado esa cabaña. No es que me escribiera un correo electrónico recomendándomela encarecidamente, sino que —¡oh, vaya!— era quien alimentaba el *feed* de Cabin Porn, el microblog de Tumblr donde hallé aquel primer *eureka* cabañil. Cuando comencé a preparar este libro, no tardé en escribirle cargada de ilusión para saber cómo había inventado ese ingenioso concepto, «porno de cabañas»: me contó que «vivía en Nueva York y fantaseaba con una vida diferente. Nunca quise vivir en la ciudad, pero sentía que debía hacerlo para tener una buena carrera profesional. Recopilar imágenes de cabañas en el bosque era la forma de recordarme que algún día dejaría la metrópolis para vivir la vida que realmente quería. Cuando compartí en internet mi colección de fotografías, me di cuenta de que muchas personas tenían la misma fantasía que yo».

Aquel pequeño proyecto personal (un remanso de paz dentro de una exitosa y convulsa trayectoria profesional) se ha convertido en mucho más que un simple repositorio de cabañas. Con más de diez millones de usuarios únicos y doce mil casitas compartidas por colaboradores y fans, ha ampliado su visión: en lo digital, han lanzado *newsletter* y cuenta de Instagram; en papel, ya se han publicado dos libros de esos que ahora llaman *coffee table books* (grandes, hermosos, cargados de imágenes inspiradoras a toda página), traducidos a siete idiomas. Su contenido también ha evolucionado, pasando de ser un mero tablero de inspiración a una comunidad global de personas que persiguen (o sueñan con) el mismo estilo de vida.

Todos los que lo seguimos compartimos una paradoja entre la conexión y la desconexión, porque internet ha sido un agente fundamental en nuestra búsqueda del *offline*. Nos ha permitido encontrar a nuestros pares, personas de gustos parecidos en la forma de aproximarse a la naturaleza que consideran que las imágenes de cabañas (tan solo en TikTok hay más de tres millones alojadas bajo la etiqueta #cabin) cumplen una función reparadora y calmante frente a la fiebre por la hiperconectividad. «En un mundo en el que las generaciones jóvenes tienen cada vez más difícil convertirse en propietarias, las cabañas representan la vivienda idealizada y asequible en un entorno con gran calidad de vida. Así podrían ser los hogares si se diseñaran para las personas que los habitan», asegura el creador de *Cabin Porn*, cuyo proyecto resuena entre tantos porque toca una fibra sensible en lo profundo de nuestro ser. A través de lo digital nos transporta a una época en la que no existían las pantallas, el ruido urbano, la masificación, la contaminación, la productividad o el FOMO… Otra vez andamos a vueltas con el eterno retorno. A medida que la sociedad avanza y la tecnología nos adentra en la era de la inteligencia artificial, regresar a la naturaleza no es una elección sino casi una necesidad. En mi opinión, la cabaña funciona como símbolo de una conciencia emergente que entiende que no podemos vivir al margen de nuestro entorno. Y así lo piensa también Zack Klein: «Hemos dependido de la tecnología para asombrarnos y vivir experiencias diferentes. Esta era ha llegado a su punto álgido y ahora nuestra atención está volviendo a la naturaleza para inspirarnos. Una nueva generación está descubriendo ese romanticismo; y la ironía es que la tecnología está permitiendo ese cambio hacia lo *offline*».

Gracias a proyectos como el suyo no es preciso salir de la red para desconectar. La etiqueta #cabinporn se ha convertido en un amplificador del bosque capaz de alcanzar un lugar privilegiado en nuestros saturados *muros*, que reciben como un soplo de aire fresco decenas de cabañas idílicas a las que mudarnos con los ojos cerrados, mujeres leñadoras que utilizan el hacha mejor que cualquier vikingo y *home tours* de minicasas construidas al más puro estilo DIY. No sin cierto vértigo por la aceleración, el *hashtag* se ha tirado de cabeza a la piscina de lo viral, y en su seno acoge desde los mejores trucos para decorar tu casa y conseguir ese estilo tan cabañil a golpe de manta de cuadros de lana merino (se llama *cabincore*, por si quieres llevarte un quesito más del Trivial) hasta los atuendos y accesorios imprescindibles para una escapada a la campiña (con un espíritu *cottagecore*, como lo bautizaron los expertos en moda) que se popularizaron en 2020 y de la que tomó nota hasta la mismísima Taylor Swift en su era *Folklore* y *Evermore*. Vestidos de flores, un cárdigan calentito y un aura rústica-*cowgirl* que parece recién salida de la época victoriana y cuya máxima, como describe la periodista Nuria Luis en la revista *Vogue*, es «recoger huevos, tricotar o cultivar verduras mientras oyes de fondo el murmullo de un arroyo».[2] A los anglicismos *cabincore* y *cottagecore* se unen otros como *nesting* (el placer de quedarse en casa) o algunos de origen nórdico como *hygge* (algo así como «acogedor») o *friluftsliv* (que celebra el amor a la vida al aire libre). Así, el exterior, la naturaleza, el aire puro y la cabaña perdida en medio del monte se idealizan hasta el punto de convertirlos en deseables por los urbanitas, más necesitados de estar a la última que de una desconexión real.

¿Puede que estemos romantizando todo esto de una manera errónea y en absoluto sostenible? Como es una duda existen-

---

2. Nuria Luis, «Cottagecore, el fenómeno pastoril que mejor define 2020», *Vogue España*, 24 de septiembre de 2020, <https://www.vogue.es/moda/articulos/que-es-cottagecore-estetica-pastoril-2020-tiktok>.

cial que a menudo pasa por mi cabeza y para la que no tengo una respuesta clara, le pregunté a Guillermo López Linares, fundador y director de *Salvaje* (cuyo subtítulo es autoexplicativo: *La revista que quiere sacarte al campo*), que sabe más que yo de esta historia de amor y desamor con el entorno:

> Quizá hay una romantización en la idea de lo que conlleva. Por ejemplo, gran parte de la fantasía escapista urbanita se basa en el hecho de que, por lo que pago de alquiler en la ciudad, me pillo una casa con jardín, tengo dos plantas y burros. Pero una de las realidades del medio rural es que, curiosamente, hay muy poca oferta de vivienda. Los pueblos son pequeños y tienen pocas casas. Hay estereotipos o esperanzas en lo que consiste ir a vivir al pueblo (o al campo) que después no se corresponden con la realidad.

Guillermo sabe todo esto de primera mano, ya que en 2018 él y su pareja, Delia, abandonaron Miami —una ciudad pensada por y para el coche, que es necesario hasta para ir a por el pan cada mañana— y se plantaron en una pequeña aldea en las Tierras Altas de Soria, una de las zonas más deshabitadas de España (hay un habitante por kilómetro cuadrado). Incluyéndolos a ambos, en la localidad tan solo vivían cuatro personas. Todos tenían las llaves del bar. Menudo cambio de aires, ¿verdad? La vida planificada, necesaria para sobrevivir al ajetreo de la metrópolis estadounidense, les había generado tanto estrés y ansiedad que tan solo eran capaces de atenuar los síntomas con escapadas a los grandes parques nacionales del país. Excursiones, sin embargo, que sabían a poco porque el ritmo de vida que llevaban no era sostenible. Por eso, cuando se plantearon regresar a España, tomaron la determinación de bajar esas pulsaciones taquicárdicas e irse a la casa familiar soriana. «Fuimos muy felices durante el año que estuvimos ahí —me dijo Guillermo por teléfono, mientras sacaba a pasear a su perro por las aceras madrileñas—. Me resultó muy enriquecedor. El estrés y la ansiedad desaparecieron por completo. O sea, el cambio fue realmente terapéutico. Y me ayudó, además, a comprender mejor la mentalidad rural española». En ese caldito de cultivo tan acogedor y lleno de paz lanzó su *crowdfunding* digital para crear *Salvaje*, un proyecto que quiere, desde sus historias, conectar a los seres humanos con la naturaleza. Ya me dirás qué hay más cabañil que esa filosofía.

Como Guillermo y Delia, mi amiga Marta decidió un día dejarlo todo e irse al campo. Solo que ella se marchó del centro de Málaga a las afueras de Coín un poco antes, en el año 2015, cuando en la Costa del Sol aún no hablábamos de gentrificación, apartamentos turísticos y bares de tapas y sangría. Por aquel entonces, la Semana Santa duraba una semana y no había procesiones en pleno mes de agosto para entretener a los visitantes. Sin embargo, a ella y a su pareja ya les parecía que la vida en la ciudad estaba configurada en torno al consumismo. Dar un paseo implicaba comprar algo, tomar algo, pagar una entrada de un espectáculo o un museo. Caminar por placer nunca salía gratis. «Este planteamiento nos llevó a mudarnos al campo, que era en parte donde yo había pasado mi infancia, en una de esas urbanizaciones de Torremolinos con pinares. El retorno a esa paz fue sintiéndose como natural para nosotros y nos marchamos», me contó cuando le pregunté por las razones de su decisión. La tecnología fue su aliada: internet llega a casi todos los rincones del mundo y trabajaban en remoto, por lo que cualquier lugar les parecía perfecto para enviar un correo electrónico. Pronto comprendieron que vivir en tu cabaña particular fuera de la ciudad no es como jugar a las casitas cuando eres pequeño. Cuidar tu propia casa como si fuera uno más de la familia se convierte en un requisito —y también en una pesadilla— mucho más exigente que el de cualquier piso en la ciudad (si además no eres propietario, siempre puedes llamar al casero para que sea él quien se encargue de arreglar la humedad de la ducha). Mantener el jardín regado y podado, el patio sin hojas o residuos, el tejado sin goteras e incluso revisar que las canaletas pluviales no estén taponadas antes de que llegue una tormenta (y cada vez hay más, y más explosivas) te hace «ser consciente del lugar en el que vives. Incluso hacer las paces con las plantas que se mueren. La naturaleza no es idílica, no es Disney, es dura y cruda, y vivir en el campo es duro y crudo».

Uno de los mayores aprendizajes de Marta en este tiempo ha sido adaptarse al ciclo natural, entender cómo puedes relacionarte de diferentes modos con tu entorno a lo largo de las estaciones. «Nos hemos criado con esas imágenes de bosques tupidos, verdes y llenos de musgo del norte de Europa y Estados Unidos y la realidad es totalmente diferente, al menos en un clima mediterráneo. Aquí todo es más triste, sientes que falta ese verdor, esa frondosidad. Aprendes a amarlo tal y como es. Creo que nos reconecta con algo muy elemental y básico de la vida, a lo más esencial de la existencia del ser humano». Una vez más, es el exterior el que nos lleva a comprender nuestro interior.

Todos ellos se anticiparon al fenómeno que, un poco después, cuando el coronavirus cambió el mundo de muchas maneras (y otras más que todavía no alcanzamos a comprender o identificar), dio en llamarse «éxodo urbano». Yo misma noté un cambio sustancial en mi calidad de vida cuando regresé a

193

Málaga después de casi quince años entre Madrid y Barcelona. Aquello era otro ritmo. El 14 de marzo de 2020 nuestra vida cambió por completo, marcando un antes y después en la historia; nos encerramos en casa, ante la incertidumbre, durante tres meses y ocho días. Nuestras casas, pisos, pequeños apartamentos... se convirtieron, para muchos, en una cabaña, en el refugio seguro ante un virus desconocido que nos hizo amigos inseparables de las mascarillas y el gel hidroalcohólico. Para mí, observar cómo llegaba la primavera a través de la ventana del salón que tenía vistas a la playa fue como ver un documental de National Geographic, en el que el tiempo pasa y todo cambia a cámara rápida: fauna, flora, color, luz. El paisaje se transformó: el tráfico desapareció, el murmullo de la gente y el continuo zumbido que forma parte de las ciudades se silenciaron. Las redes sociales se llenaban de fotografías de Nueva York, París o Madrid totalmente vacías, como en esa escena de *Abre los ojos* con un Eduardo Noriega más solo que la una en mitad de la Gran Vía madrileña. La naturaleza se hizo con todo y alguno hasta afirma haber visto delfines nadando por los canales de la ciudad de Venecia; escuchamos con más atención que nunca cantar a los pájaros y las olas del mar desde el otro lado de nuestras paredes. Muchos, entonces, fueron conscientes de lo que suponía la vida en la ciudad y decidieron romper con ella, buscando alejarse del tráfico, del estrés del día a día y de la masificación.

Sin embargo, ese gran retorno a los pueblos con el que a muchos se nos llenaba la boca en tiempos pandémicos y que provocaba las pesadillas de quienes nos iban a recibir (solo con pensar en tener que convivir con urbanitas que no saben ni en qué estación se siembran las patatas, ni mucho menos cuándo se recogen) esbozaba un cambio de paradigma en la tristemente famosa España vaciada. La verdad es que al final no llegó el agua al río. En «¿Qué fue del éxodo urbano desde la pande-mia?»,[3] Antonio López Gay analizó los movimientos mi-gratorios de las seis grandes ciudades españolas con más de medio millón de habitantes (Madrid, Barcelona, Valencia, Se-villa, Zaragoza y Málaga) para averiguar si durante los pri-meros meses del año cero se impulsó un salto determinante fuera de las urbes. ¿La realidad? No ha habido un cambio sig-nificativo en los patrones migratorios. Todo el ruido lo había generado la realidad de unos pocos, más privilegiados, que podían permitirse ese desplazamiento periférico gracias al te-letrabajo, a profesiones con más libertad, a disponer de una ma-yor renta... Como siempre, la naturaleza siendo el lujo para unos pocos.

No todo el mundo se siente interpelado por un cambio tan radical y profundo como el de Marta, pero pocos rechazan la idea de hacer una escapada para desconectar del trabajo. El confinamiento y las restricciones de movilidad que vivimos en 2020 generaron una rutina inédita, tanto que fue capaz de reconfigurar nuestro tradicional modelo de turismo virándolo hacia la búsqueda de experiencias más conscientes, en zonas rurales donde el entorno es refugio y es descanso. El viajero pospandémico elige la soledad y el bosque por encima de los rascacielos, los lugares abiertos en lugar de las calles y avenidas, el verde en vez del gris, el senderismo frente al Metrobús. Se-gún datos proporcionados por Google Trends, el interés global en alojamientos y vacaciones en cabañas, tiendas de *glamping* o casas rurales creció un setenta por ciento desde diciembre

3. Antonio López Gay, «¿Qué fue del éxodo urbano desde la pandemia?», El Observatorio Social, Fundación La Caixa, <https://elobservatoriosocial. fundacionlacaixa.org/es/-/exodo-urbano-desde-la-pandemia>.

de 2020, cuando la *nueva normalidad* nos llevó a poder reunirnos en grupos de seis, ir a trabajar con mascarilla, ver conciertos sentados a una distancia de un metro y medio entre espectador y espectador y viajar entre provincias. Desde entonces, este tipo de búsquedas se mantiene estable. David Moralejo, director de la revista *Condé Nast Traveler,* cree que el auge de las cabañas está relacionado con todos estos elementos: «No sé si porque las modas cambian, pero algo tiene que ver el deseo de lo rural con el sueño de una cabaña». La combinación del ideal de *Walden* de Thoreau, el movimiento *hipster* y el anhelo pospandémico de regresar al campo nos ayuda a comprender el éxito del turismo cabañil, basado en un deseo por regresar a nuestro pasado más feliz, el predigital. «Cuando nos dijeron que Brooklyn ya no molaba, que ahora lo suyo era ir río arriba por los senderos del río Hudson rumbo a los Catskills, todos quisimos encontrar nuestros propios Catskills. La pandemia acabó por darle tremendo sentido a la distopía y comprendimos que la cosa iba en serio. Lo positivo es que todo esto sirvió para reconectar con la naturaleza, salir al campo en busca de edenes particulares y, de paso, recuperar el amor por nuestros paisajes remotos y pueblos perdidos», dice Moralejo.

No hablamos solo de una cabaña bucólica perdida en las islas Feroe, del *treehouse hotel* más espectacular de Suecia o de una de esas antiguas casas tradicionales japonesas: huir a una cabaña se ha convertido en un movimiento cultural que nos lleva a abrazar de nuevo nuestro pasado y a descubrir y explorar nuevos paisajes. Incluso a ver los que ya conocemos desde otro punto de vista. Los parques nacionales, las reservas de la biosfera y las rutas de senderismo que durante años solo habían sido transitadas por expertos con tiendas de campaña Quechua se convirtieron en el reducto de serenidad y calma que necesitaba

Una de las habitaciones-cabaña del *tree-house hotel* de Suecia,
uno de los alojamientos cabañiles más famosos del mundo.

todo hijo de vecino. Tal fue el auge del interés global que plataformas de alquiler de alojamientos como Airbnb o Booking olieron el dinero y sintieron la necesidad de crear secciones específicas de cabañas y bosques, seleccionando lugares especiales por todo el planeta y queriendo convertirse en sus prescriptores, tal y como ya lo habían hecho en las ciudades. Viajar no es solo disfrutar, comer o ver monumentos. Viajar también es dejar el móvil en la mesilla de noche y salir al campo a aprender a distinguir los robles de las hayas por la forma de sus hojas.

A mí todo esto me parece precioso, y me da esperanza pensar que por fin la humanidad ha vuelto a reconciliarse con su esencia. Ahora bien, no dejo de preguntarme si se nos está yendo de las manos. Al igual que ha sucedido con los centros históricos de muchas ciudades, en los que se ha expulsado a sus vecinos para alojar a los turistas y a gente con mayor capacidad adquisitiva (lo habrás oído ya: la gentrificación), o como los mercados de abastos de toda la vida, cuyos puestos se han reconvertido en bares y restaurantes *gourmet*, también el turismo de naturaleza corre el riesgo de convertirse en una burbuja de moda. ¿Estamos próximos a una *cabañificación* del fenómeno? «Hay que distinguir lo auténtico de la copia, la cabaña de verdad, hecha con amor y con cabeza, del *fake* generado para acumular *likes* en Instagram. Una cabaña de verdad cruje, se retuerce y respira con el entorno», cuenta Moralejo. Su advertencia es real. Quizá estamos explotando demasiado esa gallina de los huevos de oro sin ser conscientes de que la *experiencia walden* que buscamos con tanta ansia en nuestras vacaciones anuales es todo menos sostenible. Perdió su espíritu en la pasarela de pago de la plataforma en la que compramos los billetes y el alojamiento. Al igual que hicimos con la huida al campo pospandémica, muchos hemos entronizado la idea de cabaña, de silencio, de desconexión y, sobre todo, de lo que simboliza. No podemos permitir que la máquina insaciable que es la industria turística nos convenza de que ese momento *detox* debe ser una obligación en nuestra agenda. Si no, corremos el riesgo de capitalizar nuestros sueños y nuestras necesidades, perdiéndonos (de nuevo) por el camino.

La pandemia engordó las cifras del turismo rural y de las empresas de *glamping*, y al abrigo de esa rentable tendencia han surgido empresas que reivindican lo natural pero poco o nada tienen que ver con nuestra tradición. Imagínate, tiendas de safari modernas con decoración nórdica y techos de lona que se hacen la competencia entre ellas en zonas de costa y montaña españolas, perfectas para ganar la guerra del postureo en las redes. No hay anglicismo que explique esto. Déjame decirte que no todo el *boom* cabañil es así: debo romper una lanza a favor de esos pequeños y modestos proyectos que, como bien decía David Moralejo, están hechos desde el amor y la ilusión. Lucía está detrás de uno de ellos, Casa Otea, una cabañita de madera oscura que podría ser *hygge* o *cottagecore*, pero que como se ubica cerca del pantano de Peguerinos, en la Sierra de Guadarrama, describiré (sin miedo a la redundancia) como *cabañil*. Cuando se dio cuenta de que en las proximidades de Madrid no había ningún tipo de oferta de alojamientos sostenibles, bien diseñados y en los que realmente encontraras esa sensación de paz y conexión con la naturaleza, decidió liarse la manta a la cabeza y crear el suyo propio, a riesgo de mercantilizar el concepto. «Aunque el turismo en todas sus formas es comercializable, la tendencia de experiencias en la naturaleza también busca ser más sostenible. Y hay un potencial significativo para promover prácticas más respetuosas con el entorno», me dijo Lucía. Aún queda esperanza.

Después de tantos años sintiendo que las cabañas eran esa dosis de desconexión que me pedían el cuerpo y la mente en momentos de estrés, las que me llevaban a ese yo tan esencial y primigenio, me produce una tremenda tristeza ver hacia dónde se encamina esta monetización de lo natural que las convierte en un bien de lujo. Supongo que es un capítulo más de la historia de la humanidad en su relación cíclica con las cabañas. Pasará la moda del selfi bajo el tipi, dejaremos todo arrasado (como Gengis Kan) y tendremos que volver a empezar desde el principio. Piénsalo: cuando vamos a una cabaña, ¿buscamos desconectar de verdad o simplemente sustituimos la sobrecarga urbana por una versión decorada de lo rural? El mundo moderno ha encontrado en ellas un refugio simbólico para guarecerse de la sobrecarga digital que define nuestra vida. No es casualidad que en este contexto surgiera el porno de cabañas y la revolución *cabin* en redes: sentimos nostalgia de un pasado mejor que tal vez no hemos vivido. Aspiramos a ser dueños de nuestro tiempo y de disfrutar más del ocio sin mirar el móvil. Pero nunca desechamos sacar partido de todo eso. La cabaña, el bosque y la naturaleza se han vuelto mercancías aspiracionales de una vida sin cobertura, y viven en la paradoja de una asfixiante sobreexposición en plataformas sociales. Más allá de tendencias, creo que el espíritu de todo esto, el de aquellos románticos, los ilustrados del siglo XIX, los renacentistas, las primeras civilizaciones, sigue vivo en aquellos rincones que aún permanecen sin fotografiar y sin publicar, recordándonos que lo esencial es la naturaleza, que podemos volver siempre a ella.

La cabaña no solo se alza como una alternativa a la ciudad, es un recordatorio de lo que somos cuando pisamos el freno, miramos alrededor y valoramos el silencio y la vida a cámara más lenta. Este deseo no es una moda y nunca lo será, sino que es una necesidad existencial acuciada por los tiempos convulsos que vivimos, fértiles en estrés, ansiedad, preocupaciones por la salud mental y, sobre todo, en los que somos víctimas de una pérdida de conexión con nosotros mismos.

Si bien la idealización del mundo rural ha sido absorbida en parte por la estética y las tendencias, hay muchas personas, como yo, que encontramos en los bosques, en las casitas ocultas de madera, ese espacio de paz que la ciudad muchas veces nos niega. Aunque a veces se nos olvide, llevamos desde la Edad de Piedra viviendo en equilibrio con el planeta. No es una tarea sencilla, la historia lo ha ido demostrando. Esta acelerada era digital nos ha llevado a recuperar las ganas de disfrutar de una vida más simple y en armonía con el entorno. Al final creo que todo se reduce a una muy humana necesidad de paz, de autenticidad y de conexión. Con sus cuatro pequeñas y muy humildes paredes, las cabañas son (y siempre serán) ese mínimo refugio que nos abraza y arrulla hasta en los tiempos más convulsos.

Este libro de amor a las cabañas se terminó de escribir, por supuesto, en una cabaña (que puede ser real o metafórica, te dejo escoger). Espero que hayas disfrutado del viaje. Mientras tanto, yo me quedo contemplando un rato más mi cabaña platónica de los enanitos. Un saludo desde lo más profundo del bosque.

Agradecimientos

~

Gracias, Paloma, por decirme un día que el mundo necesitaba un libro sobre cabañas.

Gracias a mis padres, por animarme a escribir desde que era pequeña y descubrirnos a mi hermana y a mí la cabaña de los enanitos de Sierra Nevada y la felicidad que es la naturaleza. A Noelia, mi librera de confianza y uña y carne, por haberme pasado toda la bibliografía que necesitaba y buscar debajo de las piedras cada cita, cada párrafo que no conseguía encontrar y estar presente a cada momento. A María y Luigi, por ser mis *dealers* de historia clásica, lectores antes que nadie y aguantar mis bloqueos. A Bea, Marta, Carol, Raquel, Celia, Marina y todo mi círculo de amigas que son refugio. A Izaskun, por darme el empuje con *El club de la cabaña* y acompañarme a descubrir Le Cabanon aquel mes de septiembre.

Gracias a los que han hecho posible con sus reflexiones que cada capítulo tenga sentido: a Patxi, Natalia, Zach, Agustín,

Ruth, Pilar, Fernando, Víctor, Guillermo, Las Entendidas, Adriana, Gabi, Ana, David, Lucía, Irene, Marta (doblemente). También a Francesca, de la Asociación Cap Moderne, por ser la mejor guía en Le Cabanon y la Casa E-1027, y a la Historic Houses Foundation y la familia Colthurst, por enseñarnos los entresijos de Pitchford Hall.

A Palo (y Manu), por darme el título de este libro mientras comíamos y soportar con infinita paciencia este año de estrés cabañil. A Edu, por haber ilustrado con tanto cariño lo que había en mi cabeza: no podía haber alguien mejor para plasmarlo.

A ti, lector, que desconectas de la rutina en tu particular cabaña y espero que hayas desconectado entre las páginas de este libro.

Bibliografía

~

ARTÍCULOS Y OTROS DOCUMENTOS

Aguilar, Dulce, «Hábitos de repetición: ¿por qué me gusta tanto y veo la misma película?», *Neuromarketing.la*, s.f., <https://neuro marketing.la/2024/04/habitos-de-repeticion-por-que-me-gusta-tanto-y-veo-la-misma-pelicula/>.

Bean, Kendra, «*Visiting Shaw's Corner*», *Vivien Leigh & Laurence Olivier*, 8 de julio 2013, <http://vivandlarry.com/photo-essay/visiting-shaws-corner/>.

Binney, Marcus, «Inside the Shropshire house where the Royal Family planned to shelter if Britain was invaded during the Second World War», *Country Life*, 26 de noviembre de 2019, <https://www.countrylife.co.uk/architecture/safety-shropshire-bolt hole-turned-fortress-royal-family-world-war-ii-207907>.

Bodenheimer, Rosemarie, «Looking at the Landscape in Jane Austen», *Studies in English Literature, 1500-1900*, vol. 21, n.° 4, 1981, pp. 605-623, <https://www.jstor.org>.

Calatrava Escobar, Juan A., «Arquitectura y naturaleza. El mito de la cabaña primitiva en la teoría arquitectónica de la Ilustración», *Gazeta de Antropología*, n.º 8 (1991), <https://www.ugr.es/~pwlac/G08_09JuanA_Calatrava_Escobar.html>.

Carballo, María F., «Saludos desde lo más profundo de una cabaña», *Condé Nast Traveller*, 1 de junio de 2021, <https://www.traveler.es/naturaleza/articulos/cabanas-cuales-son-las-mas-bonitas-por-que-nos-gustan-tanto/21026>.

Clemente Quintana, Enrique, *El proyecto de la casa de Ludwig Wittgenstein en Skjolden, Noruega* [tesis doctoral], Valencia, Universitat Politècnica de València, 2015, <https://riunet.upv.es/handle/10251/56462>.

«Cottagecore, Dreamcore, Normcore, and Other -Core Words», 18 de julio de 2022, <https://www.dictionary.com/e/core-words-cottagecore/>

Dameron, Amanda, «Jens Risom's Block Island Family Retreat», *Dwell Magazine*, 24 de diciembre de 2012, <https://www.dwell.com/article/block-island-prefab-jens-risom-1b27ef90>.

Dams, Tim, «More Than 10,600 New TV Series Launched Globally in 2019», *Variety*, 7 de febrero de 2020, <https://variety.com/2020/tv/news/new-tv-series-launched-globally-2019-1203496340/>.

De Lózar de La Viña, Miguel, *La cabaña moderna, microrrelatos de arquitecturas en busca de sentido* [tesis doctoral], Madrid, Universidad Politécnica de Madrid, 2014, <https://oa.upm.es/32608/1/MIGUEL_DE_LOZAR_DE_LA_VINA_1.pdf>.

Douglas Fir Plywood Association, *Exciting! New! Leisure-time homes*, s.l., Douglas Fir Plywood Association, 1958, <https://archive.org/details/excitingnewleisu00doug/mode/2up?q=Douglas+Fir+Plywood+Association>.

—, *Second Homes for Leisure Living*, s.l., Douglas Fir Plywood Association, 1960, <https://archive.org/details/SecondHomesForLeisureLiving/mode/2up>.

Ford, Richard, «Evil's Humble Home», *The New York Times Magazine*, 13 de septiembre de 1998, <https://www.nytimes.com/1998/09/13/magazine/evil-s-humble-home.html>.

García Asenjo, David, «Julio Lafuente, el arquitecto español que vivía en Piazza Navona», *Contexto y Acción*, n.º 267, 7 diciembre 2020, <https://ctxt.es/es/20201201/Culturas/34371/julio-lafuente-arquitectura-moneo-roma-onassis-collevalenza-garcia-asenjo.htm>.

Gómez Pellón, Eloy, «El paisaje cultural en los Montes de Pas. Cuando la piedra es la memoria del tiempo», *Gazeta de Antropología*, n.º 36 (2020), <http://www.gazeta-antropologia.es/?p=5364>.

González González, Ana, *La cabaña, tradición y lectura en procesos contemporáneos* [trabajo fin de grado], Valladolid, Universidad de Valladolid, 2019, <https://uvadoc.uva.es/bitstream/handle/10324/37735/TFG-A-146.pdf?sequence=1&isAllowed=y>.

Guarnido Olmedo, Victoriano, y Segura Gómez, Isabel María, «Una aproximación al estudio de la segunda residencia (la costa granadina)», *Paralelo 37º*, n.º 13 (1989), pp. 163-166.

Harrigan, Chris, «Where writers write: Photos of famous writers' writing rooms», *The Story*, s.f., <https://thestory.au/articles/photos-of-writers-cabins-rooms-offices/>.

Johnson, Alex, «Inside Bernard Shaw's Writing Shed, *Idler Magazine*, 29 de junio de 2020, <https://web.archive.org/web/20240112124607/https://www.idler.co.uk/article/inside-bernard-shaws-writing-shed/>.

Kazimierski, Daniel, «Evil's humble home», *The New York Times*, 4 de octubre de 1988, <https://www.nytimes.com/1998/10/04/magazine/l-evil-s-humble-home-082325.html>.

Kleeman, Tasha, «Silent travel is the wellness trend we're obsessing over this year», *Condé Nast Traveler*, 9 de enero de 2024, <https://www.cntraveller.com/article/silent-travel-wellness-trend?utm_campaign=dashhudson&utm_content=www.instagram.com/p/C2ILA4GLfFC/>.

León Vallejo, Francisco Javier, «Construcción del hábitat en la Edad de Piedra», en Fernando Bores, José Fernando Salas y Santiago Huerta Hernández, coords., *Actas del Segundo Congreso Nacional de Historia de la Construcción*, A Coruña, Universidade da Coruña, 1998, pp. 273-284, <https://ruc.udc.es/dspace/bitstream/handle/2183/10582/HC%2036.pdf?sequence=1>.

López Gay, Antonio, «¿Qué fue del éxodo urbano desde la pandemia?», El Observatorio Social, Fundación La Caixa, <https://elobservatoriosocial.fundacionlacaixa.org/es/-/exodo-urbano-desde-la-pandemia>.

Luis, Nuria, «Cottagecore, el fenómeno pastoril que mejor define 2020», *Vogue España*, 24 de septiembre de 2020, <https://www.vogue.es/moda/articulos/que-es-cottagecore-estetica-pastoril-2020-tiktok>.

Maldonado Ramos, Luis y Rivera Gámez, David, «El entramado de madera como arquetipo constructivo: de la arquitectura tradicional a los sistemas modernos», en Santiago Huerta Fernández, coord., *Actas del Cuarto Congreso Nacional de Historia de la Construcción*, Cádiz, Instituto Juan de Herrera, 2005, pp. 687-697, <https://www.sedhc.es/biblioteca/actas/CNHC4_066.pdf>.

Munzenrieder, Kyle, «Taylor Swift Has Discovered Cottagecore», *W Magazine*, 23 de julio de 2020, <https://www.wmagazine.com/story/taylor-swift-cottagecore-folklore>.

Nielsen Group, «Lol Amid uncertain times consumers take comfort in nostalgic comedy shows», marzo de 2021, <https://www.nielsen.com/insights/2021/lol-amid-uncertain-times-consumers-take-comfort-in-nostalgic-comedy-shows/>.

Pastor, Marta, *La invención de la obra de Julio Lafuente: entre la utopía y la construcción*, [tesis doctoral], Madrid, Universidad Politécnica de Madrid, 2015, <https://oa.upm.es/39843/1/MARTA_PASTOR_ESTEBANEZ.pdf>.

Pérez, José Ramón, «Así es la vivienda media en España: construida en los 70, menos de 90 metros y cinco habitaciones», *El Debate*, 15 de diciembre de 2021, <https://www.eldebate.com/economia/20211215/vivienda-media-espana-construida-70-76-90-metros-cuadrados-cinco-habitaciones.html>.

Prado, Rut, «Friluftsliv: el concepto noruego que define la conexión con la naturaleza», *Yorokobu*, 24 de septiembre de 2024, <https://www.yorokobu.es/friluftsliv/>.

Pritchett, James, «Lo que el silencio enseñó a John Cage: la historia de *4'33"*, en VV.AA., *La anarquía del silencio. John Cage y el arte experimental*, Barcelona, Museo d'Art Contemporani de Barcelona, 2009, pp. 166-177, <https://img.macba.cat/public/PDFs/jamespritchett_cage_cas.pdf>.

Revista Du Plessis à Robinson, supl. Il. nº 353 (2021).

Russell, Cristel Antonia, y Levy, Sidney J., «The Temporal and Focal Dynamics of Volitional Reconsumption: A Phenomenological Investigation of Repeated Hedonic Experiences», *Journal of Consumer Research*, vol. 39 (agosto de 2012), pp. 341-359, <https://gwern.net/doc/culture/2012-russell.pdf>.

Serrano, Beatriz, «El silencio es el nuevo lujo: cómo vivir en un mundo cada vez más ruidoso nos ha hecho pagar por algo gratuito», *El País*, 28 de noviembre de 2022, <https://elpais.com/estilo-de-vida/2022-11-28/el-silencio-es-el-nuevo-lujo-como-vivir-en-un-mundo-cada-vez-mas-ruidoso-nos-ha-hecho-pagar-por-algo-gratuito.html>.

Siddiqi, Maryam, «Los baños de bosque están muy bien pero, ¿has probado la terapia forestal?», *National Geographic*, 19 de octubre de 2023, <https://www.nationalgeographic.es/viaje-y-aventuras/2023/10/terapia-forestal-que-es-beneficios-salud-mental>.

Soriano, Sergio, «El insólito contenido que ha liderado el top de Netflix España durante Navidad», *El Plural*, 26 de diciembre de 2023, <https://www.elplural.com/todo-tv/insolito-contenido-liderado-top-netflix-espana-navidad_322100102>.

Stothard, Ellen R., McHill, Andrew W., Depner, Christopher M., *et al.*, «Circadian Entrainment to the Natural Light-Dark Cycle across Seasons and the Weekend», *Current Biology*, vol. 27 (20 de febrero de 2017), pp. 508-513, <https://www.cell.com/current-biology/pdfExtended/S0960-9822(16)31522-6>.

The Midmod Corner, «The Birth of the A-Frame», *The Midmod Corner*, 23 de mayo de 2024, <https://themidmodcorner.bee hiiv.com/p/inside-the-a-frame-architectural-style>.

U.S. Department of Agriculture, *A-Frame cabin*, Washington: U.S. Department of Agriculture, 1968, <https://archive.org/details/aframecabin1093unit/page/n1/mode/2up>.

Weimert, Kelly, «The History Behind the First A-Frame Cabin», *Cabinhomes*, 14 de abril de 2021, <https://www.cabinhomes.com/articles/the-history-behind-the-first-a-frame-cabin.html>.

Wood, David, «The Lure of the Writer's Cabin», *The New York Times*, 9 de diciembre de 2012, <https://archive.nytimes.com/opinionator.blogs.nytimes.com/2012/12/09/the-lure-of-the-writers-cabin/>.

Worthington, Leah, «The Man Who Shot the Unabomber's Cabin», *Cal Alumni Association*, 30 de noviembre de 2023, <https://alumni.berkeley.edu/california-magazine/2023-fall-winter/the-cabin-was-more-than-a-cabin/>.

Vanatta, Matthew, Sullivan, Brandon, y Eberhardt, Ellen, «A History of the A-Frame House in North America and Beyond», *Field Mag*, 28 de julio de 2020, <https://www.fieldmag.com/articles/history-of-aframe-house-modern-design>.

VV. AA., *Casas de Maestros, Revista Arquitectura Viva*, n.º monográfico 132 (2008).

Libros

Ábalos, Iñaki, *La buena vida. Visita guiada a las casas de la modernidad.* Barcelona, Gustavo Gili, 2019.

Aikman, Anthony, *Treehouses*, Londres, Robert Hale, 1988.

Austen, Jane, *Orgullo y prejuicio*, trad. de Marta Salís, Barcelona, Alba, 2009.

Benn, Anna, y Savinstev, Fyodor, *Dacha: The Soviet country cottage*, Londres, Fuel, 2023.

Baudelaire, Charles, *El pintor de la vida moderna*, ed. de Silvia Acierno y Julio Baquero Cruz, Madrid, Alianza, 2021].

Bravo, Pedro, *¡Silencio! Manifiesto contra el ruido, la inquietud, la prisa*, Barcelona, Debate, 2024.

Brisbare, Éric, *Un baño de bosque. Una guía para descubrir el poder de los árboles*, trad. de Elena-Michelle Cano e Íñigo Sánchez-Paños, Madrid, Alianza, 2018.

Calvino, Italo, *El barón rampante*, trad. de Esther Benítez, Madrid, Siruela, 1993.

Dickens, Charles, *Household Words*, libro 8, pp. 362–367.

Dr. Qing Li, *El poder del bosque. Shinrin-Yoku. Cómo encontrar la felicidad y la salud a través de los árboles*, trad. de Jorge Rizzo Tortuero, Barcelona, Roca, 2018.

Fernández Mallo, Agustín, *Antibiótico*, Madrid, Visor, 2012.

Flueckiger, Urs Peter, *¿Cuánta casa necesitamos? Thoreau, Le Corbusier y la cabaña sostenible*, trad. de Susana Landrove, Barcelona, Gustavo Gili, 2019.

Freire, Espido, *Tras los pasos de Jane Austen*, Barcelona, Ariel, 2021.

Gordon, Alastair, *Beach houses. Andrew Geller*, Nueva York, Princeton Architectural Press, 2003.

Gosciny, René y Uderzo, Alberto, *Astérix. La residencia de los dioses*, Barcelona, Grijalbo Dargaud, 1981.

Gros, Frédéric, *Andar, una filosofía*, trad. de Isabel González-Gallarza Granizo, Madrid, Taurus, 2023.

Heidegger, Martin, *Construir Habitar Pensar*, ed. de Arturo Leyte y Jesús Adrián, Madrid, La Oficina de Arte y Ediciones, 2015.

Jones, Will, *Cabin. How to build a retreat in the wilderness and learn to love with nature*, Londres, Thames and Hudson, 2023.

Kamo no Chōmei, *Pensamientos desde mi cabaña*, trad. de Kazuya Sakai, Madrid, Errata Naturae, 2018.

Klein, Zach, y Leckart, Steven, *Cabin Porn*, Boston, Little Brown, 2015.

Laugier, Marc-Antoine, *Ensayo sobre la arquitectura*, trad. de Maysi Veuthey Martínez y Lilia Maure Rubio, Madrid, Akal, 1999.

Nelson, Peter, *Treehouses, the art and craft of living out on a limb*, Boston, Mariners Books, 1994.

Outeiro Ferreño, Eduardo, *Cabañas para pensar*, A Coruña, Fundación Luis Seoane, 2011.

Plinio el Viejo, *Historia natural. Libros XII a XV*, trad. de I. García Arribas, Madrid, Gredos, 2016.

Pollan, Michael, *A place of my own: The architecture of daydreams*, Nueva York, Penguin Books, 1997.

Roig, Bernardí, Castro Flórez, Fernando, y Fernández Mallo, Agustín, *Wittgenstein, arquitecto (el lugar inhabitable)*, Barcelona, Galaxia Gutenberg, 2020.

Schoenauer, Norbert, *6.000 años de hábitat*, trad. de Joselina Frontano, Barcelona, Gustavo Gili, 1984.

Share, Paul, *Leisurama now. The beach house for everyone 1964*, Nueva York, Princeton Architectural Press, 2008.

Sharr, Adam, *Heidegger. Sobre la arquitectura*, trad. de Jorge Sainz Avia, col. Pensadores sobre la arquitectura II, Barcelona, Reverté, 2022.

—, *Heidegger's Hut*, Cambridge, The MIT Press, 2006.

Thoreau, Henry David, *Un paseo invernal*, trad. de Marcos Nava García, Madrid, Errata Naturae, 2014.

—, *Walden*, trad. de Marcos Nava García, Madrid, Errata Naturae, 2022.

Tiberghien, Gilles A., *Notas sobre la cabaña*, trad. de Matías G. Rodríguez, Madrid, Biblioteca Nueva, 2017.

Vitruvio, *Los diez libros de arquitectura*, trad. de José Luis Oliver Domingo, Madrid, Alianza, 1995.

Woolf, Virginia, *El diario de Virginia Woolf. Vol. II (1920-1924)*, trad. de Olivia de Miguel, Madrid, Tres Hermanas, 2018.

—, y Strachey, Lytton, *600 libros desde que te conocí*, trad. de Socorro Giménez, México, JUS, 2017.

Audio

AD Iconos! Charlotte Perriand.

Sitios web

Blog Histoire, «Les images ont parlé! Où pouvait-on déjeuner dans un arbre au XIXe siècle?», *L'Histoire à la BnF*, 2 de febrero de 2019 (actualizado el 27 de mayo de 2022), <https://histoirebnf.hypotheses.org/6898>.

Gustav Mahler cabin, <https://www.mahler-steinbach.at/english/mahler-in-steinbach-en/composing-hut/>; <https://www.gustavmahlerkomponierhaeuschen.com/english/how-to-get-there/>.

Jens Risom cabin, <https://cabinporn.com/post/226994122>.

Le Plessis-Robinson, «Les Guinguettes de Robinson», «https://www.plessis-robinson.com/decouvrir-la-ville/histoire-du-plessis-robinson/le-plessis-robinson-au-fil-des-siecles/les-guinguettes-de-robinson.html>.

MessyNessy, «The Forgotten Treehouse Bars of Bygone Summers in Paris», MessyNessy. Cabinet of Curiosities, 28 de mayo 2019, <https://www.messynessychic.com/2015/04/08/the-forgotten-treehouse-bars-of-bygone-summers-in-paris/>.

Sites et monuments: bulletin de la Société pour la protection des paysages et de l'esthétique générale de la France, 1980, <https://gallica.bnf.fr/ark:/12148/bpt6k97803512/f29.item>.

Shaw's Corner, National Trust, <https://www.nationaltrust.org.uk/visit/essex-bedfordshire-hertfordshire/shaws-corner>.

The Futuro House Archive, <https://thefuturohouse.com/>.

The Treehouse Guide, <https://thetreehouseguide.com>.

The Walden Woods Project, <https://www.walden.org/>.

Vídeos

Buster Keaton, *One Week*, 1920, <https://www.youtube.com/watch?v=MQQ5KLlSrfk>.

«David Foster Wallace on being alone, silence, reading, and our culture of instant gratification», ZDFmediatek interview, <https://www.youtube.com/watch?v=9g-OaS50gbA>.

Ina Culture, *Le Plessis Robinson: guinguettes*, 1991, <https://www.youtube.com/watch?v=SJXQ-YSjDwc>.

Punky Brewster, *Punky's Treehouse*, 1985, <https://www.veoh.com/watch/v16924066QA9ebDZK>.

«Unabomber's Cabin Reconstruction at FBI Headquarters», <https://www.fbi.gov/video-repository/unabombers-cabin-reconstruction-at-fbi-headquarters/view>.

Banda sonora para mi cabaña. Escanea el QR y desconecta
de la rutina con la *playlist* más cabañil.

Este libro
se terminó de imprimir en
Castellar del Vallès, Barcelona,
en el mes de mayo de 2025,
163.º aniversario de la muerte
de Henry David Thoreau.

«Para viajar lejos no hay mejor nave que un libro».
EMILY DICKINSON

Gracias por tu lectura de este libro.

En **penguinlibros.club** encontrarás las mejores
recomendaciones de lectura.

Únete a nuestra comunidad y viaja con nosotros.

penguinlibros.club

Penguin
Random House
Grupo Editorial

penguinlibros